김 세 윤 교 수

주기도문
강해

두란노아카데미

주기도문 강해

지은이 | 김세윤
초판 발행 | 2000. 8. 8
45쇄 발행 | 2024. 2. 14.
등록번호 | 제1988-000080호
등록된 곳 | 서울특별시 용산구 서빙고로65길 38
발행처 | 사단법인 두란노서원
영업부 | 2078-3352　　FAX | 080-749-3705
출판부 | 2078-3331

책값은 뒤표지에 있습니다.
ISBN 978-89-6491-039-9　03230

독자의 의견을 기다립니다.
tpress@duranno.com　www.duranno.com

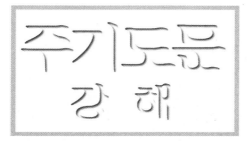

주기도문
강해

contents

머리말

Preface

'주께서 가르치신 기도'라고도 불리는 '주기도문'은 주 예수 그리스도의 하나님 나라 복음과 그가 의도한 하나님과 우리와의 관계를 가장 잘 압축하여 표현하는 것으로 신약 신학과 기독교 신앙의 근본이며 우리가 드리는 기도의 정형을 제시하기도 합니다. 따라서 이 기도를 정확하고 깊이 이해하는 일은 모든 그리스도인들에게 필수적으로 요청되는 바입니다. 우리가 날마다 이 기도를 드리며 이 기도의 정신에 합당하게 사는 것이 곧 하나님 나라 백성으로서 사는 것을 의미합니다.

이 책이 나오게 된 배경은 월간 「목회와신학」창간 10주년 기념 신학 강좌로 1999년 두란노서원에서 '주기도문 강해'를 강의한 데 있습니다. 당시 많은 목회자들, 신학도들, 그리고 평신도들이 그 강좌를 경청하였고 많은 질문도 해주어 상당한 기쁨과 보람을 느꼈습니다.

신학 강좌였지만 평신도들의 믿음을 북돋우고 목회자들의 설교 작업을 지원하기 위한 강좌였기에, 되도록 쉽게 그리고 삶의 적용에 중점을 두고 강의하였습니다. 그러면서도 가장 중요하게 생각하던 것은 주기도문의 정확한 뜻을 전달하고 이에 비추어 우리의 신앙과 삶을 반성하는 데 있었습니다. 특별히 주 예수 그리스도의 복음이 많이 왜

곡되어 선포되고, 미신적인 기도들이 열정적으로 드려지며, 그릇된 영성의 바람이 휩쓰는 염려스러워 보이는 오늘 한국 교회의 안타까운 현실을 염두에 두었기 때문입니다.

본 강좌에 저자를 초청하여 주신 두란노서원의 대표 하용조 목사와 강좌를 기획하고 진행하여 주신 장병두 목사, 모든 실무 일을 맡아 수고하신 박삼열 목사 등 「목회와신학」의 편집자들께 지면을 빌어 즐거웠던 강좌를 인하여 다시 감사합니다. 특히 박삼열 목사는 녹음된 강의를 글로 옮겨 편집하는 어려운 과업도 맡아, 이 책이 나오기까지 큰 역할을 담당했습니다. 그에게 다시 한 번 감사합니다. 이 책이 부족하나마 많은 독자들의 신앙 성장에 조금이라도 이바지하기를 빕니다.

미국 Pasadena에서

김 세 윤

1

주기도문 강해

주기도문의 서론

주 께서 가르쳐 주신 기도인 '주기도문'은 성도들이 매일 낭송하며 기도할 만큼 자주 대하는 것일 뿐 아니라, 사실은 성도들의 신앙 생활에 필요한 가장 중요한 내용들을 간직하고 있습니다. 그러므로 주기도문을 할 때마다 정성을 다하여 바른 의미를 알고 진심으로 하는 것이 아주 중요하며, 이 기도문을 잘 살펴보는 것은 매우 의미 있는 일입니다.

우선, 주께서 가르쳐 주신 기도의 본문을 보도록 하겠습니다. 주기도문의 본문은 우리에게 두 개의 판(版), 즉 마태복음판과 누가복음판으로 주어져 있습니다. 마태판은 마태복음 6장 9-13절까지의 말씀이고, 누가판은 누가복음 11장 2-4절까지의 말씀입니다.

본문을 한번 읽어 보겠습니다. 먼저, 마태복음 6장 9-13절입니다.

그러므로 너희는 이렇게 기도하라 하늘에 계신 우리 아버지여 이름이 거룩히 여김을 받으시오며 나라이 임하옵시며 뜻이 하늘에서 이룬 것같이 땅에서도 이루어지이다 오늘날 우리에게 일용할 양식을 주옵시고 우리가 우리에게 죄지은 자를 사하여 준 것같이 우리 죄를 사하여 주옵시고 우리를 시험에 들게 하지 마옵시고 다만 악에서 구하옵소서 (나라와 권세와 영광이 아버지께 영원히 있사옵나이다 아멘).

다음은 누가판을 읽겠습니다. 11장 2-4절입니다.

예수께서 이르시되 너희는 기도할 때에 이렇게 하라 아버지여 이름이 거룩히 여김을 받으시오며 나라이 임하옵시며 우리에게 날마다 일용할 양식을 주옵시고 우리가 우리에게 죄지은 모든 사람을 용서하오니 우리 죄도 사하여 주옵시고 우리를 시험에 들게 하지 마옵소서 하라.

왜 두 개의 주기도문 본문이 있는가

우선 소위 '공관복음서 문제'에 속하기도 하는 신학적인 문제 한 가지를 간단하게나마 짚고 넘어가는 것이 좋겠습니다. 문제는 다름이 아니라, 방금 읽었듯이 주기도문에 대한 마태복음의 본문과 누가복음의 본문이 서로 다르다는 것에 대한 것입니다. 즉 주님이 가르치신 기도의 본문이 마태판과 누가판이 서로 다른데, 이 문제를 어떻게 이해해야 하느냐에 관한 것이라고 할 수 있습니다.

신약 신학을 연구하는 데 있어, 공관복음서 가운데 마가복음에는 기록되어 있지 않으면서 마태복음과 누가복음에는 기록되어 있는 마태판과 누가판의 공통 본문들을 학자들은 보통 'Q 자료'라는 이름을 붙여 부릅니다. 이 용어를 사용하여 방금 제기한 주기도문의 마태판과 누가판이 다르다는 문제에 대하여 간략하게 이해하고 넘어가도록 하겠습니다.

이 문제에 대한 첫 번째로 가능한 설명은, 이 두 자료 곧 주기도문에 대한 마태판과 누가판이 우리가 보통 편리하게 부르는 'Q 자료'에서 온 것이라고 보는 것입니다. 다시 말해, 마태복음과 누가복음 두 복음서 본문에 모두 있기 때문에 이 주기도문은 Q라는 자료에서 온 것일 수도 있다는 말입니다.

또 다른 설명은, 마태복음판은 이른바 마태의 특수 자료(보통 M이라는 기호 사용)에서, 누가복음판은 누가의 특수 자료(보통 L이라고 표시)에서 이 주기도문을 각각 전승받아 기록했을 가능성입니다.

세 번째로 가능한 설명은, 마태복음이나 누가복음 중 하나는 Q에서 자료를 받았고, 그 나머지 하나는 자신의 특수 자료 즉 M이나 L에서 전승받았을 가능성입니다.

마지막으로 생각해 볼 수 있는 것은, 누가가 마태에 의지하여 썼을 것이라고 보는 것입니다.

지금 우리는 마태복음과 누가복음에 나오는 주께서 가르쳐 주신 기도의 본문에 대하여 왜 이렇게 복잡하게 생각합니까? 주기도문을 수록하고 있는 성경 본문에 대한 마태복음판과 누가복음판이 상당 부분 공통점이 있으면서, 동시에 상당 부분 다른 점이 있기 때문입니다. 이와 관련하여 방금 말씀드린 몇 가지 가설들 가운데서 어느 것이 가장 합당한지를 판정하기란 상당히 어렵습니다. 따라서 가능성 있어 보이는 네 가지 가설들 가운데 어느 것이 정확하고 옳은지는 확실하지 않습니다. 아마도 최근 대다수의 학자들은 그 네 가지 견해 가운데 처음 세 가지의 하나일 가능성이 크다고 생각할 것입니다. 그 중에서도 많은 학자들은 첫 번째 견해를 가장 가능성이 많다고 지지하는 것으로 생각합니다.

누가복음판 주기도문의 문학적 맥락

다음으로, 주께서 가르치신 이 기도를 살펴보기 위해서는 먼저 이 기도 본문들이 들어 있는 맥락을 먼저 살필 필요가 있습니다.

누가복음판의 주기도문에 대한 문학적 맥락을 먼저 보도록 하겠습니다. 누가복음 11장 2-4절의 주기도문 본문에 앞서는 1절은 이렇게 되어 있습니다.

> 예수께서 한 곳에서 기도하시고 마치시매 제자 중 하나가 여짜오되 주여 요한이 자기 제자들에게 기도를 가르친 것과 같이 우리에게도 가르쳐 주옵소서.

예수의 제자 가운데 한 명이 기도를 가르쳐 달라고 했습니다. "세례 요한도 그의 제자들에게 기도를 가르쳐 주었는데, 이제 선생님도 우리에게 기도를 가르쳐 주셔야 합니다"라는 것입니다. 문맥으로 볼 때, 예수는 그 요청에 응하여 기도를 가르쳤습니다.

여기서 일단 우리는 제자들이 예수에게 이런 요청을 했다는 것이 사실은 매우 놀라운 것이라는 점을 주목해야 합니다. 왜냐하면 예수의 제자들은 유대인이었고, 유대인들은 기도를 잘 알고 있었기 때문입니다. 다시 말해, 제자들이 기도를 할 줄 몰라서 예수에게 기도를 가르쳐 달라고 요구하는 것이 아니라는 것입니다.

구약의 시편들이 사실은 다 기도 아닙니까? 더욱이 예수 당시 유대에는 유대인이라면 누구나 잘 알고 있을 유명한 기도들이 이미 있었습니다. 그 가운데 하나는 '카디쉬(Kaddish)'라는 좀 짧은 형태의 기도이고, 다른 하나는 '18번 축복 기도' 즉 '세모네 에스레(Shemone

Esre)'라는 긴 형태의 기도문입니다. 유대인들은 카디쉬와 같은 기도문들을 매일 두세 번씩 낭송하도록 되어 있었습니다.

그러므로 유대인들은 기도를 많이 알고 있었고, 많이 하고 있었고, 시편 기도를 따라서 하곤 했던 것이 분명합니다. 그럼에도 불구하고 제자들은 예수에게 기도를 가르쳐 달라고 요청했습니다. 이런 점에서 제자들의 요청은 상당히 놀라운 것이라고 볼 수밖에 없습니다. 여기서 우리는 기도를 가르쳐 달라는 제자들의 요청에 아무런 의문이 없는 것처럼 그냥 넘어갈 수 없습니다. 왜 제자들이 굳이 또다시 예수에게 기도를 가르쳐 달라고 했을까 하는 질문이 당연히 생깁니다.

주기도문은 새로운 하나님 나라 운동의 요약이다

기도를 잘 알고 있었고 기도를 늘 많이 하면서 지낸 유대인들이었음에도 불구하고, 제자들이 예수에게 기도를 가르쳐 달라고 요청한데는 다음과 같은 배경이 있습니다.

예수 당시에는 메시아가 곧 와서 하나님 나라를 실현하리라는 기대가 유대인들 간에 팽배해 있었습니다. 그리고 메시아가 와서 하나님 나라를 이루도록 하려면 그에 앞서 유대인들이 회개하고 하나님께 새롭게 헌신하고 순종하는 일들이 있어야 한다는 생각이 널리 퍼져 있었습니다. 회개와 헌신과 순종을 새롭게 다짐해야 한다는 이런 현상을 한마디로 말하면 부흥 운동이라고 할 수 있습니다. 예수 당시 유대인들과 유대교 내에는 종말을 대비한 부흥 운동이 많이 일어났고, 이 운동을 하는 사람들과 단체들도 참 많았습니다.

14

그 가운데 하나가 우리가 성경에서 자주 보는 바리새인들의 운동입니다. 바리새인들도 회개하고 율법을 철두철미하게 지킬 정도로 하나님께 헌신함으로써 메시아가 빨리 와서 하나님 나라가 도래하도록 해야 한다고 했습니다. 이 바리새 운동은 이스라엘 전체를 하나님의 제사장 민족으로 보려는 민족적 이상을 실현하려고 한 중산층 평신도 경건 운동이라고 할 수 있습니다.

우리에게 잘 알려진 에센파 운동도 그 예입니다. 1947년부터 이스라엘 사해 주변의 쿰란(Qumran)이라는 동네의 동굴들에서 이른바 사해 문서들이 발견되기 시작했습니다. 이 문서들의 발견과 함께 주목받게 된 예수 당시 사해 주변 쿰란에 모여 살던 일단의 무리들을 에센파(Essenes)라고 합니다. 이들은 쿰란 동굴들에 은거하면서 성경 즉 구약을 연구하고, 서로 새롭게 회개하고 율법을 새롭게 잘 지키기로 헌신했는데, 이들도 바로 예수 당시에 있던 그 부흥 운동을 한 사람들 가운데 하나였습니다.

이런 부흥 운동을 한 사람 중에 하나가 우리가 잘 아는 세례 요한입니다. 세례 요한의 메시지가 무엇이었습니까? 회개하라는 것입니다. 천국 즉 하나님의 나라가 가까웠으니 회개하라는 것, 다시 말해 임박한 종말과 하나님의 심판을 선포하는 것이 세례 요한의 메시지였습니다. 그 심판에 대비해 회개하기를 촉구했고, 그리고 회개에 대한 표징으로 세례를 받도록 즉 옛 죄를 다 씻어 내는 의식을 하라는 그런 회개와 부흥 운동을 한 것입니다. 세례 요한의 운동이 바로 회개와 헌신의 부흥 운동인 것입니다. 곧 도래할 하나님의 나라를 맞을 준비를 하도록 하기 위해서 말입니다.

그런데 바리새인들, 에센인들, 그리고 세례 요한처럼 이런 부흥 운동을 하는 사람들은 자신들의 신학적인 이해와 이상과 소망 등을 담아 표현하는 특별한 기도문을 작성했습니다. 이런 기도문들은 부흥 운동을 하는 각각의 단체들이 내세우는 하나님에 대한 이해, 하나님의 구원사에 대한 이해, 자신들의 이상과 소망 등을 아주 압축적으로 반영하는 것이었습니다. 앞서 소개한 카디쉬 기도가 그렇고, 18번 축복 기도가 그렇습니다.

그러므로 요한도 자기의 신학과 종말론적 소망을 표현하는 기도문을 자신의 제자들에게 가르쳐서 날마다 하나님께 기도하도록 했다고 볼 수 있습니다. 자신의 회개와 부흥 운동에 대한 신학을 잘 표현하고 그 운동의 소망과 이상을 잘 표현하는 기도를 가르쳤던 것 같습니다. 그것은 당시의 관행으로, 부흥 운동을 하는 단체들에게 흔히 있는 일이었기 때문입니다.

원래 예수와 예수의 제자들은 세례 요한이 이끄는 운동에 동참한 사람들이었습니다. 우리는 사복음서에서 모두 그 흔적을 볼 수 있는데, 특별히 요한복음 1장 19-51절까지 본문이 그것을 잘 암시해 주고 있습니다. 예수는 원래 세례 요한의 제자였고, 때문에 요한의 부흥 운동에 동참했습니다. 그러다가 요한에게 세례를 받은 이후 요한의 운동으로부터 점차 독립하여 하나님 나라(the Kingdom of God) 운동을 새롭게 시작한 것으로 사복음서들은 모두 그리고 있습니다. 사복음서 모두 예수가 세례 요한에게서 세례를 받았다고 밝히고 있습니다 (마 3:13-17, 1:9-11; 눅 3:21-22; 요 1:29-34).

여기서 우리는 세례 요한과 예수의 관계에 대해 주목해야 할 것이 있습니다. 예수는 세례 요한의 운동에 동참한 분으로, 일단 세례 요한이 선포한 회개하고 하나님의 나라 도래를 준비하라는 메시지를 이어

받습니다. 회개하고 하나님의 통치에 스스로를 헌신해야 한다는 하나님 나라에 대한 세례 요한의 가르침을 이어받습니다. 그러면서도 강조점을 좀 달리합니다. 요한이 불로 임하실 하나님의 심판을 강조한 반면, 예수는 심판을 통한 하나님의 용서와 사랑을 강조했습니다. 불로 비유되는 심판을 말씀하지만 심판을 통한 하나님의 용서에 강조점을 두었습니다. 강조의 초점이 다르게 나타납니다.

이처럼, 예수는 요한 운동에서 독립하여 하나님 나라 운동을 새롭게 한다는 점에서 요한의 가르침과 일부 비슷하면서도 상당히 새로운 가르침을 통해 새로운 정신, 새로운 강조점으로 하나님 나라 운동을 하는 것을 볼 수 있습니다. 그래서 요한이 심판에 대비한 극도의 절제적 삶 또는 금욕적 삶을 요구했다면, 예수는 그와 반대적인 방향으로 나아간 것을 복음서에서 보게 됩니다. 예수 자신의 하나님 나라 복음을 따라 죄인들을 영접하고, 그들에게 하나님의 용서를 선언하고, 그들과 먹고 마시는 잔치를 자주 벌이는 모습을 많이 발견할 수 있습니다.

그 밖에도 여러 가지 비슷한 점과 대조점을 찾아볼 수 있지만, 이렇게 예수는 요한 운동에서 독립하여 새로운 정신, 새로운 이상, 새로운 소망, 새로운 태도 등을 표방하며 하나님 나라 운동을 시작했습니다.

이와 함께 요한의 제자이던 일부 사람들이 예수와 함께 또는 예수를 따라서 예수의 제자가 되어 예수의 하나님 나라 운동에 동참합니다. 이런 상황에서 예수를 따라 나선 제자들 중 하나가 예수에게 기도를 요청합니다(눅 11:1).

기도를 요청하는 이 장면은 풀어 설명하자면 이런 것입니다.

"선생께서 이제 하나님의 구원사의 새로운 시대를 맞이하여 요한 운동과는 강조점을 좀 달리하는 하나님 나라 운동을 하니, 선생을 따르는 우리가 계속해서 요한이 가르쳐 준 기도를 할 수는 없지 않습니까? 요한이 자기 시대에 자신이 주도한 하나님 나라 운동을 위해 그에 맞는 기도문을 가르쳤듯이 선생도 선생의 구원사의 새 시대에 걸맞는 기도를 가르치셔야 하지 않습니까? 기도를 가르쳐 주십시오."

이것이 바로 누가복음 11장 1절과 2절의 전반부에 대한 이야기입니다. 예수의 공동체에 자신들의 신학과 자신들의 이상과 소망을 담아서 표현하는 새로운 기도가 필요하게 된 것입니다. 요한이 가르친 기도가 요한의 신학을 담아서 요한 공동체의 정체성을 잘 나타냈듯이, 예수 운동도 예수의 가르친 신학과 예수의 이상과 예수의 소망 등을 잘 담아 표현함으로 예수 공동체, 예수가 지금 새롭게 구성하는 하나님 나라 공동체의 정체성(Identity)을 가장 잘 나타낼 기도가 필요하게 되리라는 말입니다. 그리고 제자들이 예수에게 이런 기도를 가르쳐 달라 한 것에 대한 응답으로 이 주기도문이 주어진 것입니다.

누가복음의 주기도문 본문의 전(前) 문맥은 이와 같은 배경 속에서 제자들이 예수에게 기도를 가르쳐 달라고 요구한 것에 대한 응답으로 이 주기도문이 주어지고 있는 것으로 보여 주고 있습니다. 이렇게 해서 나오게 된 것이 바로 누가복음판이 소개하고 있는 주기도문입니다. 이 '주기도문'이라는 단어는 '주께서 가르쳐 주신 기도'를 요약하여 표현한 것입니다. 그러나 '주기도문'이라고 하는 것보다는 '주께서 가르쳐 주신 기도'라고 말하는 것이 옳을 것입니다.

어쨌든 이런 맥락에서 누가복음을 보면, 주께서 가르쳐 주신 기도야말로 예수 그리스도가 하나님 나라를 선포함으로써 새롭게 창조하고 구성하려는 하나님 백성의 공동체의 신앙과 이상과 소망을 가장 잘 담아 표현해 주는 것임을 암시받을 수 있습니다. 즉 이 기도는 하나님 백성의 공동체의 정체성을 가장 집약적으로 잘 나타내 주는 그런 성격의 기도문이라는 것입니다. 그런 점에서 이 기도는 교회에게 주어진 가장 기본적인 기도이며, 원래부터 주어진 것이라고 말할 수 있습니다. 그러므로 예수의 하나님 나라 운동에 동참하는 모든 제자들이 함께, 항상, 가장 기본적으로 드려야 하는 기도가 주기도문이며, 이는 또한 기독교 신앙의 중심적인 자리를 차지하는 것임을 알 수 있습니다. 다시 말하면, 주기도문은 예수의 가르침과 사역 전체의 요약이라 할 수 있습니다. 이렇게 하여 예수께서는 당신의 제자들에게 하나의 새로운 기도문을 가르쳐 주게 됩니다.

주기도문을 교회의 기도로 공식화하다

여기서 우리는 '주께서 가르쳐 주신 기도'가 교회 안에서 공식적인 기도문으로 자리잡은 것과 관련, 그 배경을 알아둘 필요가 있습니다.

앞서 언급한 것과 같이 예수님 당시 유대교 안에는 아마 몇 개의 중요한 기도문들이 공적인 기도로 상당히 중요한 역할을 한 것으로 보이는데, 그 중에 두 개의 기도를 이미 여러분에게 소개했습니다. 그하나는 '카디쉬'라는 기도로서, 이 기도는 유대 회당에서 설교 끝에 함께 낭송한 기도이며, 짤막한 형태의 기도입니다. 또 다른 하나는 '18번 축복 기도'입니다. 이 기도는 유대인들이 하루에 세 번 즉 아침과 오후가 시작되는 시간 그리고 저녁이 시작되는 시간에 각각 반드시 드려야 하는 기도였습니다. 이 '18번 축복 기도'야말로 모든 유대인들에게 가장 기본적인 기도였습니다.

카디쉬(Kaddish) 기도

그분의 이름이 높여지고 거룩히 여겨지이다

    그분이 그분의 뜻에 따라 지으신 세상 안에서.

그분이 자신의 나라 / 다스리심이 다스리게 하시길

    너희들의 생애에 그리고 너희들의 날들에 그리고

이스라엘 집안 전체의 생애에. 신속히 그리고 조만간.

    그분의 위대한 이름이 영원에서 영원까지 찬양되소서.

이에 대해 말하라. 아멘.

18번 축복 기도(Tepillah, Shemone Esre)

1. 주님, 우리 조상들의 하나님, 아브라함의 하나님, 이삭의 하나님, 야곱의 하나님, 전능하시고 무서우신 하나님, 하늘과 땅을 지으신 지고하신 하나님, 우리의 방패 그리고 우리의 조상들의 방패이신 하나님, 매세대마다 우리의 의지할 분이신 당신을 축복하나이다. *아브라함의 방패이신 주님, 당신을 축복하나이다.*

2. 당신은 전능하셔서 교만한 자들을 겸손케 하시는 이시고, 강하시고 포악한 자들을 심판하시는 분이십니다. 당신은 영원히 사시고 죽은 자들을 일으키시며, 바람을 불게 하시고 이슬을 내리시며, 산 자들에게 공급하여 주시고 죽은 자들을 살리시며, 단숨에 우리의 구원이 일어나게 하시는 분이십니다. *죽은 자들을 살리시는 주님, 당신을 축복합니다.*

3. 당신은 거룩하시고 당신의 이름은 경외로우시며, 당신 외에는 다른 신이 없습니다. *거룩하신 하나님이신 주님, 당신을 축복합니다.*

4. 우리 아버지, 우리에게 당신으로부터 오는 지식을 주시고, 당신의 율법으로부터 오는 이해와 판단력을 주시옵소서. *지식을 주시는 주님, 당신을 축복합니다.*

5. 주여, 우리를 당신께로 돌이키소서. 우리가 회개하겠나이다. 예전과 같이 우리의 날들을 새롭게 하소서. *회개를 기뻐하시는 당신을 축복합니다.*

6. 우리 아버지, 우리가 당신께 죄를 지었사오니 우리를 용서하소서. 우리의 악행들을 지워 버리시고 당신의 시야에서 제거하소서. 당신의 자비가 풍성하시니까요. *용서를 풍성히 베푸시는 주님, 당신을 축복합니다.*

7. 우리의 고난을 보시고, 우리를 위해 호소하시며, 당신의 이름을 인하여 우리를 구속하소서. *이스라엘의 구속자이신 주님, 당신을 축복합니다.*

8. 우리 하나님이신 주여, 우리의 심장의 아픔을 치유하시며, 슬픔과 탄식을 우리로부터 제거하시고 우리의 상처를 치유하소서. *당신의 백성 이스라엘의 병자들을 치유하시는 당신을 축복합니다.*

9. 우리 하나님이신 주여, 우리를 위해 금년을 축복하시고, 금년의 모든 생산을 풍성하게 하소서. 우리의 최후 구속의 해를 빨리 가져오소서. 땅에 이 슬과 비를 내려 주시고, 당신의 사랑의 보고로부터 세상을 만족게 하시며, 우리 손의 일을 축복하소서. *해마다 축복하시는 주님, 당신을 축복합니다.*

10. 우리의 해방을 큰 나팔을 불어 선포하시고, 깃발을 들어 우리의 흩어진 자들을 모으소서. *당신의 백성 이스라엘의 추방당한 자들을 모으시는 주님, 당신을 축복합니다.*

11. 우리의 심판관(사사)들을 예전과 같이 회복시키시고 우리의 지혜자들을 처음과 같이 회복시켜 주소서. 오직 당신만이 우리를 다스리소서. *심판을 사랑하시는 주님, 당신을 축복합니다.*

12. 그리고 배교자들에게는 소망이 없게 하시고, 교만한 나라는 빨리 우리의 생애에 뿌리 뽑히게 하소서. 그리고 나사렛 당원들과 이단자들은 빨리 망하게 하시고, 그들이 생명책에서 지워지게 하시며, 그들이 의인들과 함께 기록되게 하지 마소서. *교만한 자들을 겸손케 하시는 주님, 당신을 축복합니다.*

13. 당신의 자비가 의로운 개종자들에게 풍성히 내리게 하시고, 당신의 기쁜 뜻을 행하는 자들과 더불어 우리에게 풍성한 상을 주소서. *의인들의 신뢰처이신 주님, 당신을 축복합니다.*

14. 우리 하나님이신 주여, 당신의 풍성한 자비로 당신의 백성 이스라엘에, 당신의 도성 예루살렘에, 영광의 거처인 시온에, 당신의 의로운 메시아 다윗가의 왕권에 자비를 베푸소서. *예루살렘을 세우시는 다윗의 하나님이신 주님, 당신을 축복합니다.*

15. 우리 하나님이신 주여, 우리 기도의 음성을 들으시고, 우리에게 자비로우소서. 당신은 은혜로우시고 자비로우시니이다. *기도를 들으시는 주님, 당신을 축복합니다.*

16. 우리 하나님이신 주여, 시온에 기꺼이 거처하소서. 그리고 예루살렘에서 당신의 종들로 하여금 당신을 섬기게 하소서. *우리가 경외심으로 예배하는 주님, 당신을 축복합니다.*

17. 우리 하나님이신 주님, 우리 조상들의 하나님을 찬양하나이다. 당신이 우리에게 허락하시고, 우리에게 그리고 우리보다 앞선 우리의 조상들에게 행하신 모든 선하심과 은혜와 자비를 인하여 찬양하나이다. 우리가 실족하는 상황에 처해 있다고 하면, 오 주여, 당신의 은혜가 우리를 구출합니다. *오로지 선하신 이인 주여, 당신을 축복합니다.*

18. 당신의 백성, 이스라엘, 당신의 도성, 당신의 기업에 당신의 평화를 가져오소서. 그리고 우리 모두를 함께 축복하소서. *평화를 이루시는 주님, 당신을 축복합니다.*

따라서 예수 당시 '주께서 가르쳐 주신 기도' 즉 소위 '주기도문'이 처음에는 아마도 '18번 축복 기도'와 함께 드려진 것으로 보입니다. 그러다 점차 주께서 가르쳐 주신 기도가 18번 축복 기도를 대신했다가 마침내 교회의 유일한 공통 기도로 자리잡게 된 것 같습니다. 이와 같은 점진적인 변화의 과정은 어렵지 않게 이해할 수 있습니다. 초대 교회는 점차 이방인 선교를 하게 되었고 그를 통해 교회에 이방인들이 많이 늘어나고 18번 축복 기도의 전통을 받아들이지 않은 이방인 그리스도인들이 많이 늘어나는 상황에 이르게 됩니다.

특히 주후 66-70년까지의 유대 전쟁을 기점으로 해서 교회와 유대교는 완전히 분리하게 됩니다. 이 유대 전쟁 직후, 유대교에서는 그리스도인들을 이단자로 규정하고 유대 회당에서 많이 축출했습니다. 기독교에 대한 유대교의 태도가 18번 축복 기도에 반영되어 있는데, 그 열두 번째 기도는 이렇습니다.

"배교자들에게는 소망이 없게 하시고 교만한 나라는 빨리 우리의 생애에 뿌리 뽑히게 하소서. 그리고 나사렛 당원들과 이단자들은 빨리 망하게 하시고 그들이 생명 책에서 지워지게 하시며, 그들이 의인들과 함께 기록되지 말게 하소서. 교만한 자들을 겸손케 하시는 주님, 당신을 축복합니다."

이것은 그리스도인들을 저주하는 대목입니다. 이것은 무엇을 반영합니까? 이 무렵에 벌써 예수당 혹은 나사렛당 곧 그리스도인들을 이단자로 규정해 그들을 유대 회당에서 축출하는 상황이 벌어지고 있음을 반영하는 것입니다. 이때 교회와 유대 회당이 좀더 명백히 분리되면서 교회가 유대교와 공식적으로 관계를 끊게 됩니다.

이 무렵, 즉 한편으로는 이방인들이 점점 교회의 다수가 되어가고 다른 한편으로는 유대교에서 교회가 분리되는 상황 속에서 18번 축복 기도는 이제 교회의 기도로서는 사라지고 맙니다. 그 대신 주께서 가르쳐 주신 기도가 교회 공동체의 기본적인 공중 기도로 자리잡게 된 것입니다.

마태복음판 주기도문의 문학적 맥락

이제 마태복음판의 주기도문 문맥을 살펴보겠습니다. 마태복음 5장에서 7장까지를 이른바 산상수훈이라고 하는데, 산상수훈 전체를 놓고 보면 그 한가운데 주께서 가르쳐 주신 기도가 위치하고 있습니다.

산상수훈에서 주기도문의 위치

㉠ 8복(5:3−16)

　㉡ 반어적 가르침(5:17−48)

　　㉢ 종교 행위에 대한 가르침(6:1−18)−여기에 '주기도문' 위치

　㉣ 제1 계명에 대한 설교(6:19−7:11)

㉤ 결론적 권면(7:12−27)

마태는 이 주기도문을 산상수훈 본문의 구조상 한가운데 즉 핵심에 위치시켜 놓았습니다. 이와 같은 구조는 주기도문이 얼마나 중요한지를 명확하게 보여 줍니다.

산상수훈은 크게 다섯 부분으로 나눌 수 있습니다. 그 첫째가 마태복음 5장 3−16절인데, 이것을 소위 팔복이라고 합니다. 예수 그리스도께서 새롭게 창조하고 구성하는 하나님의 백성들에게 선언하신 여덟 가지 복을 가리킵니다. 이 여덟 번의 복 선언은 마태복음 5장에서 시작하는 산상수훈 전체의 서문에 속합니다.

이 팔복 선언을 통해 예수께서는 제자들에게 심령이 가난하고 하나님만 의지하고 하나님 나라가 이 땅에 임하도록 애통해 하고 평화를 도모하는 사람들이 되어야 함을 밝히셨고, 이를 통하여 마침내 세상의 소금이 되고 빛이 된다고 말씀하시는 것입니다. "나의 제자인 너희가 팔복이 말하는 그런 사람이 되어 세상에서 빛의 노릇을 하는 것이

너희의 사명이다"라고 하신 것입니다.

또한 팔복은 하나님 나라의 백성이라면 제일 먼저 무엇이 되어야 하는지를 말합니다. 심령이 가난한 사람이 되어야 한다, 자기 스스로 자신의 생명과 안전을 확보하려고 생각하지 말고 오로지 하나님의 하나님 노릇 해주심에 자신들의 소망을 거는 사람이 되어야 한다, 사탄이 악과 고난으로 통치하는 세상에서 애통해 하는 사람이 되어야 한다, 온유한 사람이 되어야 하고, 의에 대하여 주리고 목말라하는 사람, 자비를 베푸는 사람이 되어야 한다고 말합니다. 그런 사람들이 하나님의 백성이며, 곧 이루어질 하나님 나라에서 위로를 받을 자들이라는 것입니다. 이 여덟 가지를 통해 하나님 백성의 공동체가 어떤 사람들로 구성되는지를 구체적으로 이야기하고 있습니다.

그러므로 이 팔복의 말씀은 사실상 하나님의 백성의 정체성 (Identity)을 말하는 것이기도 합니다. 이 팔복 선언을 중심으로, 이어지는 13-16절 말씀을 통해, 하나님 나라의 공동체가 세상에서 소금으로 존재하여 부패를 막고 세상을 살 맛나게 하는 공동체가 된다고 말합니다. 그렇게 함으로써 하나님의 공동체는 세상에 대해 빛이라고 말씀하시는 것입니다. 여기서 빛이라는 것은 하나님의 빛, 곧 하나님의 계시의 전달자라는 의미입니다. 즉 그리스도의 제자들 곧 교회 공동체는 하나님의 계시와 구원의 전달자입니다. 제자들의 사명을 규명해 주고 있습니다. 하나님 나라 백성의 정체성과 사명이 마치 동전의 앞뒤처럼 연결되고 있습니다. 여기까지가 산상수훈의 서론에 해당합니다.

두 번째 단락은 5장 17-48절인데, 소위 반대 어법(antipathical statement)을 통해 새로운 법이 제시됩니다. 하나님 나라 백성의 삶의 새로운 원리가 주어지는 것입니다. 새로운 법 선언이라고 할 수 있습니다. 이 가운데서 특히 우리에게 많이 알려져 있는 대표적인 것은 살인에 관한 법과 간음에 대한 법일 것입니다. 예수님의 말씀은 이런 식으로 되어 있습니다.

"옛 사람들에게 간음하지 말라는 계명이 주어졌음을 너희들이 들었다. 그러나 나는 너희들에게 말한다. 여자를 보고 음욕을 품으면 간음을 한 것이다. 또 옛 사람들에 살인하지 말라는 계명이 주어졌음을 너희가 들었다. 그러나 나는 너희들에게 말한다. 형제를 미워하고 '바보' '멍텅구리'라 하면 살인을 한 셈이다. 그러면 공회에 넘겨져 재판을 받게 되고 하나님의 심판에 이르게 된다."

여기서 간음하지 말라, 살인하지 말라는 계명들은 원래 어디서 나왔습니까? 십계명에서 나왔습니다. 다시 말하면, 그 계명들은 원래 모세의 율법입니다. 그런데 예수의 가르침은 계명들을 언급한 뒤 "그러나 나는 너희에게 말한다"는 형식으로 표현되었습니다. 즉 이것은 예수께서 지금 자신이 선언하는 법이 모세의 율법을 능가하는, 모세의 율법보다 완벽한 것임을 드러내는 것입니다.

이것은 곧 17-48절까지 선언한 예수의 새로운 법의 성격이 무엇인지를 보여 줍니다. 모세의 법의 성격은 무엇입니까? 살인하지 말라, 간음하지 말라 등과 같이 인간 행위의 외형적 최소한을 규제하는 법이라고 할 수 있습니다. 이에 비해, 지금 예수가 선언하는 이 새로운 법의 성격은 어떻습니까? 행위를 유발시키는 동기의 내면적 최대한을 규제하고 요구하는 법임을 보여 줍니다. 모세의 옛 법에 의하면, 살인이라는 외형적 행위 최소한을 규제하는 것이므로 실제로 남의 목을 칼로 치지 않으면 살인이 아닙니다. 그러나 예수의 새 법은 그런

살인 행위를 유발시키는 형제에 대한 무시의 태도나 증오의 태도 등
과 같은 동기의 내면의 최대한을 규제하는 법입니다. 간음도 마찬가
지입니다.

이것을 좀더 극명하게 드러내기 위해 예수께서는 반대 어법을 사용
하여 말씀하십니다. '행위의 외적 최소한' 을 규제하는 법이 아니고,
그 '행위를 유발시키는 동기의 내면적 최대한' 을 규제하고 요구하는
법임을 확연히 드러내는 것입니다. 결국 이것은 예수가 모세의 권위
를 훨씬 능가하는 권위를 가지신 분으로 하나님의 법을 모세를 통해
계시된 것보다 훨씬 더 완벽하게 계시하고 있음을 보여 줍니다. 이것
이 마태복음 5장입니다.

다음, 세 번째로 구분할 수 있는 단락은 이어지는 6장 1–18절입니
다. 이 부분은 종교적 삶의 실천들 곧 경건 행위들에 대한 가르침입니
다. 금식, 기도, 자선 행위 등과 같은 유대교의 대표적인 종교 행위들
이 언급됩니다. 그런데 바로 이곳에 주기도문이 있습니다.

세 가지 경건 행위들의 중심에 나타난 주기도문

㉠ 자선(6:1–4)

㉡ 기도(6:5–15) –여기에 '주기도문' 위치

㉢ 금식(6:16-18)

네 번째 단락은 6장 19절에서 7장 11절까지인데, 여기에는 십계명
의 제1계명에 대한 예수의 설교가 나옵니다. 제1계명이 무엇입니까?

여호와 외에는 다른 신을 섬겨서는 안된다, 우상 숭배해서는 안된다
는 것입니다. 하나님에 대한 전적인 헌신을 가리키는 것으로, 우상 숭
배를 배격하는 것입니다. 하나님에 대한 전적인 헌신의 반대말은 우
상 숭배입니다.

그런데 예수께서 가장 절실하게 우리 모두에게 위협적으로 다가오
는 우상의 형태로 내세우는 것이 무엇입니까? 그것은 다름 아닌 돈을
섬기는 것 곧 맘모니즘(Mammonism)입니다. 누구도 하나님과 맘몬
(Mammon)을 동시에 섬길 수 없다는 것입니다. 예수님은 당시 유대
인들을 향하여 사실상 이렇게 외치고 있는 것입니다.

"유대인 너희들이 실제로는 맘몬을 섬기면서도 말로는 하나님을
섬긴다고 하는데, 그런 것은 있을 수 없는 일이다."

따라서 우리가 진정 하나님 나라의 백성이라면, 하나님께 전적으로
의지하고 순종하는 자라면, 맘몬을 의지하는 우상 숭배를 포기하고,
우리에게 하나님 노릇 해주시고 아빠 노릇 해주시는 그 하나님께 의
지하여 일용할 양식을 그 하나님께로부터 얻는 그런 자세로 살아야
된다는 것입니다. 그것이 어떻게 가능합니까? 공중에 나는 새를 보고
또 들에 피는 백합화를 보면서 그렇게 하라는 것입니다. 하나님 아빠
는 공중에 나는 새를 먹이시고 들에 핀 백합화를 입히시는 분이시라
는 것을 생각하는 것입니다. 돈으로 자신의 안녕과 안전을 확보하려
는 그런 우상 숭배를 청산해야 한다는 것입니다. 그리고 우상 숭배를
청산하고 하나님을 전적으로 의지하는 삶은 곧 이웃을 내 몸과 같이
사랑하는 자세로 나타나게 되어 있다는 것입니다.

6장 19절에서 7장 11절까지의 이 단락은 십계명의 제1계명, 즉 하
나님만 의지하고 섬기면서 우상 숭배는 배격해야 한다는 것에 대한

설교라고 할 수 있습니다. 동시에 사랑의 이중 계명에 대한 예수님의 설교라고 할 수도 있습니다.

이렇게 긴 설교가 이어진 다음 7장 12-27절의 단락, 즉 마지막 결론적 권면이 다섯 번째로 나옵니다. 여기서는 열매 곧 행위의 열매를 보고 그 나무를 알 수 있다고 합니다. 그것을 예수께서는 지금 자신이 새롭게 계시하시는 이 법을 듣기만 하는 자는 모래 위에 집을 짓는 어리석은 자요, 이것을 듣고 행하는 자는 반석 위에 집을 짓는 지혜 있는 자라는 비유를 제시하시면서 마지막으로 권면하십니다.

주기도가 제자의 삶에 중심이다

이처럼 마태복음의 산상수훈을 다섯 부분으로 구분할 수 있습니다. 방금 분석한 구조에 따르면, 주께서 가르쳐 주신 기도는 이 산상수훈의 전체 문맥에서 가운데 부분 곧 6장 1-18절의 종교 행위에 대한 가르침 단락에 들어 있습니다. 이 종교 행위에 대한 가르침의 단락인 6장 1-18절의 본문에 대해서도 좀더 자세하게 구조를 분석할 수 있습니다.

이 단락에서는 세 개의 대표적인 종교 행위 혹은 경건 행위를 다루고 있습니다. 첫째는 자선 혹은 구제입니다(6:1-4). 예수께서는 오른손이 하는 것을 왼손이 모르게 하라고 가르칩니다. 당시 유대인들처럼 자기를 드러내 놓고 자랑하면서 자기 과시나 자기 만족을 위해 자선하지 말라는 것입니다. 오른손이 하는 일을 왼손이 모르게 하라

30

는 새로운 가르침을 주십니다.

둘째는 기도에 대한 가르침입니다(6:5-15).

셋째는 금식에 대한 가르침입니다(6:16-18). 금식한다는 것을 사람들에게 드러내지 말라고 강조합니다. 우리는 가끔 40일 금식 기도한다고 광고하고 다니는데, 그렇게 하지 말라는 것입니다. 오히려 금식을 하려면 즐겁게 하라는 것입니다. 금식에 대한 새로운 가르침입니다.

유대교의 대표적 종교 행위인 자선과 기도와 금식에 대하여 말씀하시는 이 단락에 주께서 가르쳐 주신 기도가 들어 있으며, 자선과 기도와 금식에 대한 가르침 중에서도 기도에 관한 가르침 속에 이 주기도문이 속합니다. 즉 자선, 기도, 금식으로 대표되는 유대교의 종교 행위에 대한 예수의 새로운 가르침의 중심 부분에 기도를 위치시켰고, 그 기도에 대한 예수의 새로운 가르침에 주기도문이 포함되어 있다는 것입니다.

본문의 구조에 대하여 한걸음 더 들어가 자세히 관찰해 보면, 이 기도에 대한 가르침 부분에서도 주께서 가르쳐 주신 기도는 중심 자리를 차지한다는 것을 알 수 있습니다. 6장 5-15절이 기도에 관한 가르침인데, 6장 5-9절 전반부에서 그릇된 기도들을 먼저 다룹니다.

첫 번째는 유대인들의 그릇된 기도를 지적하고, 두 번째는 이방인들의 그릇된 기도를 비판합니다. 그리고는 "너희들은 그렇게 기도하면 안된다"고 하시면서, 이제 드디어 예수께서 주기도문을 가르쳐 주시는 것입니다. 그리고 나서 이어지는 14-15절에서 주기도문의 강조점을 되새김하는 방식으로 다시 한번 이웃에 대한 죄 용서를 요구하면서(그렇게 함으로써 죄 용서의 문제를 강조하시면서) 이 단락을

31

마칩니다.

지금까지 살펴본 것처럼, 마태복음의 주기도문과 관련된 문학적 문맥은 아주 조직적으로 짜여져 있습니다. 마태복음은 원래 문학적으로 아주 정교하게 구성된 복음서입니다. 예컨대, 마태복음 전체는 다섯 개의 강론과 다섯 개의 설교로 아주 정교하게 교직(交織)되어 있습니다. 이런 점에서 마태복음은 문학적으로 아주 치밀한 구조를 가진 책이라고 할 수 있습니다. 마태는 마태복음 전체를 그렇게 정교하게 문학적으로 조직했을 뿐만 아니라, 이와 같은 자신의 문학적 성향을 산상수훈 문맥에도 그대로 적용하고 있는 것입니다. 그래서 앞에서 본 것처럼, 마태는 산상수훈도 굉장히 정교하게 구성해 놓았습니다.

마태는 산상수훈을 매우 치밀한 문학적 구조로 짜면서 주기도문을 그 한가운데 위치하도록 했습니다. 즉 산상수훈(마 5−7장) 가운데서도 가운데 부분에 종교적 관행 혹은 종교 행위에 대한 가르침을 위치시켰고(마 6:1−18), 또 그 종교 행위에 대한 가르침 중에서도 중심 위치에 기도에 관한 가르침을 배열했으며(마 6:5−15), 그 가르침 중에서도 또 중앙 핵심부에 주기도문이 자리하도록 하는(마 6:9b−10) 문학적 구조를 취하고 있습니다. 이것은 마태가 예수의 가르침을 기록할 때 예수께서 강조한 부분을 잘 살리기 위해 일부러 주께서 가르쳐 주신 기도를 산상수훈이라는 예수의 제자도 실천에 대한 가르침의 '핵심의 핵심'에 위치하도록 했기 때문입니다.

이처럼 마태복음의 주기도문은 매우 치밀한 문학적 구조 속에 담겨 있습니다. 이것은 우리에게 무엇을 시사하는 것입니까? 왜 주기도문은 산상수훈의 핵심 중에 핵심에 위치하도록 구조되어 있는 것일까요? 마태는 이러한 문학적 구조를 통해 무엇을 말하려는 것일까요?

그것은, 모세의 율법을 능가하는 완벽한 법을 우리에게 전하신 예수님, 다시 말해 하나님의 뜻을 완벽하게 계시해 주시고 전달해 주신 예수님의 가르침을 잘 실천하는 것이 하나님 나라의 백성이요 예수님의 제자로서 해야 할 도리인데, 그 하나님의 뜻을 실천하고 예수의 가르침을 잘 순종하는 동력이 바로 이 주께서 가르쳐 주신 기도에서 나온다는 것을 보여 줍니다.

이 기도가 우리의 제자도의 가장 기본이고 우리의 제자도를 가능케하는 것임을 말하기 위해 마태는 이렇듯 정교하게 산상수훈을 조직했고, 그 핵심에 주께서 가르쳐 주신 기도를 넣어 놓았습니다. 결국 그가 말하고자 한 것은, 기도야말로 하나님의 백성의 삶에서 가장 근본 도리이다. 이 기도로 하나님의 백성인 우리가 삶의 힘을 얻는다. 혹은 그리스도를 따르는 제자도의 가장 중심에 기도가 있다는 것 등입니다.

하나님의 백성 됨의 가장 핵심에 기도가 있습니다. 그런데 그 기도가 어떤 기도입니까? '주께서 가르쳐 주신 기도'입니다. 하나님 백성됨의 가장 근본 또는 중심에 주께서 가르쳐 주신 기도가 있다는 것입니다. 그리스도를 따르는 제자로서 우리는 이렇게 기도해야 하며, 이기도를 하면서 하나님의 백성으로 살아야 합니다. 그것이 바로 예수가 선포하는 하나님 나라의 제자들로 살아가는 방식임을 마태는 말하고 있습니다.

주기도문은 '하나님 백성'이 하는 기도이다

그러면 이제 범위를 좁혀 주기도문이 들어 있는 마태복음 6장의 주기도문 전후 문맥 즉 6장 5-15절의 단락을 분석해 보도록 하겠습니다.

이 기도 부분의 중심에 주기도문 위치

㉠6:5 (유대인들의) 위선적인 공중 기도

　➡그 이유 / 세상적 상 받음

㉡6:6 올바른 기도: 아버지께 드리는 은밀한 기도

　➡그 이유 / 아버지의 상

㉢6:7-8a 이방인들의 그릇된 다변의 기도

　➡그 이유 / 그릇된 신학

㉣6:8b 올바른 기도의 이유: 너희 아버지께서 너희의 필요를 아신다.

㉤6:9-13 올바른 기도에 대한 가르침

　　　6:9b-13 주기도문

　　　　　6:9b 부름

　　　　　6:9c-10 세 개의 '당신' 청원들

　　　　　6:11-13 세 개의 '우리' 청원들

㉥6:14-15 죄 용서

마태는 여기서도 자신의 문학적 특성을 좇아 본문을 아주 정교하게 구성해 놓고 있습니다. 자선, 기도, 금식으로 대표되는 세 가지 중요한 종교 행위들 가운데 기도를 다루는 이 단락에서, 마태는 기도에 대한 예수님의 가르침을 기록함에 있어서 유대인들의 위선적인 기도를

지적하는 것부터 시작하고 있습니다. 5절을 보십시오.

> 또 너희가 기도할 때에 외식하는 자와 같이 되지 말라 저희는 사람에게 보이려고
> 회당과 큰 거리 어귀에서 서서 기도하기를 좋아하느니라 내가 진실로 너희에게
> 이르노니 저희는 자기 상을 이미 받았느니라.

유대인들은 사람들이 많이 모이는 곳에서 떠들썩하게 기도하여 사람들에게 자신이 얼마나 기도의 사람이고 얼마나 경건한 사람인지 내세우려 했는데, 예수님은 그들을 향하여 외식하는 자들이라고 진단했습니다. 예수님은 제자들에게 유대인들처럼 하지 말고 "너는 기도할 때에 네 골방에 들어가 문을 닫고 은밀한 중에 계신 네 아버지께 기도하라 은밀한 중에 보시는 네 아버지께서 갚으시리라"(마 6:6)고 가르칩니다.

기도라는 것은 하나님과 나 사이의 은밀한 만남과 대화입니다. 그러므로 기도는 가능한 한 은밀한 중에 해야 합니다. 그래야 하나님과의 만남이 의식이 되고 하나님에 대한 개인적인 절실한 헌신이 이루어집니다.

사람들에게 보이기 위해 기도하면 남에 대한 의식이 더 커지고, 다른 사람 앞에서 나의 체면과 명예가 어떻게 될까 하는 염려가 우리를 압도하기 때문에 하나님께 하는 기도가 되지 못하기 쉽습니다. 우리는 심지어 통성 기도하는 순간에도 내가 하나님께 은밀하게 한다는 정신으로 기도해야 합니다. 남에게 뽐내려고 혹은 남을 의식해서 기도해서는 안된다는 것입니다. 기도를 청산 유수처럼 잘하는 사람을 간혹 보는데, 그 사람이 오랫동안 신앙 생활한 것을 은근히 자랑하거

나 연약한 믿음을 가진 사람들에게 자신을 과시하려는 마음을 갖고 있다면, 그것은 곧 유대인처럼 기도하는 것입니다.

'유대인들의 기도 관행'에 대항하여 이렇게 가르친 예수는 이제 '이방인들의 기도 관행'에 대항해서도 새롭게 가르칩니다. 여기서 예수가 지적하는 이방인의 기도 관행의 특징은 중언부언하는 기도입니다. 그래서 예수는 제자들에게 이방인처럼 중언부언하지 말라고 합니다. 7절 말씀을 봅시다.

> 또 기도할 때에 이방인과 같이 중언부언하지 말라 저희는 말을 많이 하여야 들으실 줄 생각하느니라.

왜 중언부언하지 말아야 합니까? 구약 성경에 의하면, 우상이란 나무 조각이나 돌 조각에 불과한 것입니다. 나무 조각이나 돌 조각을 새겨서는 신이라고 했기 때문에, 구약 선지자들은 우상에 대해 뭐라고 합니까? 눈이 멀었고 귀가 먹었다고 했습니다. 아무리 기도해 봐야 듣지 않는다는 것입니다. 엘리야와 대결한 바알 선지자들이 아무리 소리 높여 기도해 봐야 아무 소용이 없었습니다. 그 이방인들의 우상은 나무 조각과 돌 조각에 불과하기 때문입니다. 자기들이 섬기는 우상이 귀먹고 눈먼 존재이기 때문에 이방인들은 자꾸 중언부언하는 것입니다.

하지만 우리 하나님은 어떤 하나님이십니까? 우리의 문제와 필요를 다 아시는 아빠 하나님이십니다. 그러니까 한마디만 하면 됩니다. 아니 우리가 아뢰기도 전에 미리 아시는 분입니다. 그렇기 때문에 중언부언하지 말라는 것입니다.

한국 사람들이 특별히 조심해야 할 게 바로 이 중언부언하지 말라는 가르침이 아닌가 합니다. 종종 중언부언하는 기도를 듣게 되는데, 그렇게 기도하는 사람은 아마 이방인들이 그들의 신에 대하여 갖고 있는 생각과 비슷하게 하나님을 생각하기 때문은 아닌지 모르겠습니다. 우리가 만일 중언부언하는 기도를 한다면 이방인과 같은 셈입니다.

그러면 왜 유대인처럼, 이방인처럼 기도하지 말라는 것입니까? 8절을 봅시다.

그러므로 저희를 본받지 말라 구하기 전에 너희에게 있어야 할 것을 하나님 너희 아버지께서 아시느니라.

하나님 아버지께서 아시기 때문에 유대인처럼도, 이방인처럼도 기도하지 말라고 한 것입니다. 예수께서는 아주 의식적으로 이 주기도가 '하나님 나라 백성'의 기본적인 기도라는 것을 강조합니다. 이 기도는 '유대인'의 기도와도 다르고 '이방인'의 기도와도 다르다는 것입니다. 즉 기도는 기도하는 자의 정체성을 보여 주는 것이며, 예수의 제자라면 지금 예수께서 새롭게 가르치는 대로 기도해야 합니다. 물론 내용으로 보면 유대의 기도들과 예수께서 가르쳐 주신 기도 사이에 같은 부분이 있지만 이 문제는 뒷부분에서 살펴보기로 하겠습니다.

그러면, 마태복음 6장에 나오는 주기도문의 바로 위아래 붙어 있는 근접 문맥을 조금 더 분석해 보겠습니다. 9절부터 13절까지가 '주께서 가르쳐 주신 기도' 곧 '주기도문(Lord's Prayer)'입니다. 마태는 이 기도를 가운데 두고 6장 8절과 6장 14−15절로 틀을 짠 다음, 그 틀 속에 이 주기도문을 넣어 놓았습니다. 8절 말씀을 보면, "저희를 본받지 말라 구하기 전에 너희에게 있어야 할 것을 하나님 너희 아버지께서 아시느니라"고 기록되어 있습니다. 이 구절에서 핵심은 하나님 너희 아버지 곧 아빠께서 너희들의 필요를 이미 다 알고 계신다는 것입니다. 14—15절 말씀을 보십시오.

> 너희가 사람의 과실을 용서하면 너희 천부께서도 너희 과실을 용서하시려니와 너희가 사람의 과실을 용서하지 아니하면 너희 아버지께서도 너희 과실을 용서하지 아니하시리라.

다시 말해 주기도문을 앞뒤에서 둘러싸고 있는 틀이 8절과 14—15절이며, 이 앞뒤 구절들은 우리의 실존에 가장 중요한 '양식' 청원으로 대표되는 우리의 필요에 대한 청원과 '죄 용서'에 대한 청원이라는 것을 알 수 있습니다. 무슨 뜻입니까? 마태는 이 두 청원으로 주기도문의 틀을 만들고 이 틀 속에 주기도문을 넣어 두는 형태의 구조를 통해, 마태 스스로 그리고 이 본문 자체가 우리로 하여금 주기도문의 중요한 내용이 무엇인지 미리 볼 수 있도록 했고 주기도문의 핵심과 강조가 무엇인지를 정확하게 이해할 수 있도록 했다고 볼 수 있습니다. 즉 마태복음의 문학적 구조 자체가 우리에게 이 주기도문의 의미를 이해하는 데 모종의 암시를 미리 해주고 있다는 것입니다. 이런 특징들을 염두에 두고 '주께서 가르쳐 주신 기도'를 해석함으로써 이에 대한 이해와 그 강조점과 의미를 정확하게 묵상해 보도록 하겠습니다.

주기도문의 구조 분석

이제 주기도문의 구조를 살펴보겠습니다. 마태복음판에 의하면 주기도문은 먼저 '하나님의 이름을 부름'과 여섯 개의 '청원'들, '송영(doxology)'으로 구성되어 있습니다. 이 여섯 개의 청원은 세 개의 '당신' 청원들과 또 세 개의 '우리' 청원들로 구성되어 있습니다. 즉 "'당신'의 이름이 거룩히 여김을 받으소서" "'당신'의 나라가 임하게 하소서" "'당신'의 뜻이 이루어지게 하소서"라는 세 개의 '당신' 청원들과 "'우리'에게 일용할 양식을 주옵소서" "'우리' 죄를 용서하여 주옵소서" "'우리'를 시험에 빠지지 않게 하옵소서"라는 세 개의 '우리' 청원들입니다.

누가복음판과 비교해 봅시다. 먼저 '부름' 부분입니다. 마태는 "하늘에 계시는 우리 아버지여"라고 한 반면, 누가는 그저 '아버지여'라고 하였습니다. '하늘에 계신'이라는 수식이 없습니다. 이어지는 청원들에서 세 개의 '우리' 청원은 마태나 누가에게 동일하게 나타납니다. 즉 "'우리'에게 일용할 양식을 주옵소서" "'우리' 죄를 용서하옵소서" "'우리'를 시험에 들게 하지 마옵소서"가 마태복음과 누가복음에 동일하게 나옵니다.

그러나 '당신' 청원들 가운데서는 누가복음판이 하나를 생략하고 있습니다. 즉 "'당신'의 이름이 거룩히 여김을 받으소서"와 "'당신'의 나라가 임하옵소서"라는 청원은 누가복음에도 나타납니다. 하지만 누가복음에는 마태복음에 있는 "뜻이 하늘에서 이루어진 것같이 땅에서도 이루어지이다"라는 청원이 없고, 송영도 생략되어 있습니다.

여기서 우리는 마태판이 원래 예수님의 가르침인지, 누가판이 원래 예수님의 가르침인지를 가려야 할 문제에 직면하게 됩니다. 보다시피 주기도문은 누가판이 원래 예수님의 가르침에 가깝습니다. 그런데 누가판에 의하면 다섯 개의 청원들로 되어 있습니다. 즉 두 개의 당신 청원('당신'의 이름이 거룩히 여김을 받으소서, '당신'의 나라가 임하옵소서)과 세 개의 우리 청원('우리'에게 일용할 양식을 주옵소서, '우리' 죄를 용서하옵소서, '우리'를 시험에 들게 하지 마옵소서)으로 되어 있습니다. 그리고 송영은 없습니다.

개역 한글판 성경의 마태복음을 보면 송영은 괄호 속에 들어 있습니다(마 6:13). 왜냐하면 아주 오래된 헬라어 사본에는 송영이 없기 때문입니다. 물론 나중의 사본들에는 그 송영이 들어 있습니다. 그렇다면 그 송영이라는 것은 순전히 엉터리이고 가짜입니까? 마태가 그냥 덧붙인 것입니까? 아닙니다. 유대교의 기도 관행을 보면 이 문제는 금방 해결이 됩니다.

원래 유대교의 기도 관행에 의하면 하나님을 축복하는 '송영' 없이 끝나는 기도는 없습니다. 예수께서 가르쳐 주신 기도가 송영이 빠진 누가복음판의 짧은 형태가 원래의 것이라 해도 그 기도 끝에는 항상 하나님을 축복하는 송영을 했음을 알 수 있습니다. 송영은 기도에 이미 전제되어 있는 것입니다. 그것을 마태가 나중에, 혹은 마태복음의 나중 사본에 덧붙여 명시화한 것입니다. 왜냐하면 특히 복음이 확장되면서 헬라 교회가 발전했고, 유대교의 관행을 잘 모르는 이방 그리스도인들이 점차 교회 안에 많아졌기 때문에 그들을 가르칠 필요가 있었던 것입니다. 즉 누가복음에 기록된 주기도문 본문처럼 기도로만 마쳐서는 안된다는 것을 가르치기 위해, 이 기도 끝에는 하나님의 이름에 영광을 돌리는 송영도 해야 한다는 것을 가르치기 위해 덧붙였다는 말입니다. 그러니까 비록 예수는 송영 없이 기도를 가르쳐 주었다 하더라도 그 기도 끝에는 예수 시대부터 항상 송영이 있었던 것입니다. 그러니까 마태복음 사본에 나중에 나온 대로 송영을 해야 한다는 말입니다.

또 마태복음은 '아버지여'라는 부름 앞에 '하늘에 계신'이라는 분사절이 있습니다. 반면 누가복음은 '아버지여' 그러니까 '아빠'만 나옵니다. 예수는 기도할 때 항상 하나님을 아주 독특하게 '압바(abba)'라고 불렀을 뿐만 아니라 그의 제자들에게도 하나님을 '압바'라고 부르도록 가르쳤습니다(막 14:36 등 참조). 이 '압바'라는 말은 우리말의 어린아이가 아버지를 부르는 호칭인 '아빠'와 같은 뜻입니다.

누가복음판처럼 '아빠'라고만 되어 있는 것이 원래 본문인데, 마태복음의 '하늘에 계신'이라는 이 수식 어구는 주께서 가르쳐 주신 기도가 초대 교회 공동체 안에서 계속 사용되면서 예배용으로 발전하여 '하늘에 계시는'이라는 말이 덧붙은 것입니다. 즉 '아빠'라는 부름의 뜻을 더 선명하게 하기 위해 덧붙인 것이므로 마태복음판이 틀린 것은 아닙니다. 예배 언어일수록 그 의미를 더욱 풍부하게 하려는 경향이 있습니다. 또 예배 언어는 대칭 구조를 잘 맞추려는 습관이 있는데, 이 '하늘에 계신'이라는 말을 덧붙임으로써 송영(나라와 권세와 영광이 아버지께 영원히 있사옵나이다)과 더 적절하게 대칭을 이루도록 한 것입니다.

누가복음판에는 마태판에 있는 세 번째 당신 청원이 생략되어 있습니다. 이유는 그 세 번째 당신 청원이 두 번째 청원인 "당신의 나라가 임하게 하소서"를 부연한 것이기 때문입니다. "당신의 나라가 임하게 하소서" "하나님의 통치가 땅 위에 임하게 하소서"라는 청원의 뜻은 바로 하나님의 뜻이 땅 위에서 이루어지게 해달라는 것입니다. 하나님의 뜻이 하늘에서는 이루어집니다. 하늘에서는 하나님의 통치가 이루어지기 때문입니다. 그러나 땅 위에서는 지금 사탄이 하나님의 통치권을 찬탈해서 우리에게 자꾸 죄를 짓도록 시험하고, 죄를 지으면 고난과 죽음으로 삯을 줍니다. 이처럼 땅 위에서는 하나님의 뜻이 거스려집니다. 하나님의 통치가 일어나지 않는 것입니다. 그렇기 때문에 당신의 나라가 하늘에서 이루어진 것처럼 땅 위에서도 빨리 이루어지게 해달라는 것입니다.

그러므로 마태복음은 누가복음의 두 번째 당신 청원 "나라이 임하옵시며"가 의미하는 바를 아예 명시한 셈입니다. "뜻이 하늘에서 이룬 것같이 땅에서도 이루어지이다"라고 말입니다. 마태는 하나님의 나라가 임하게 해달라는 기도의 뜻을 따라 부연해서 세 개의 청원으로 만든 것입니다. 마태는 왜 그렇게 했습니까? 세 개로 된 '우리' 청원과 짝을 맞추기 위해서였습니다. 누가 식으로 기도해도 전혀 무방하지만, 마태 식으로 하는 것이 예배용으로 훨씬 더 적합하게 풍부한 형식을 갖춘 것이라 할 수 있습니다.

'당신' 청원의 핵심은 '하나님 나라' 청원이다

학자들은 대개 여기까지 설명합니다. 그런데 여기서 저는 한 가지를 더 관찰할 수 있다고 봅니다. '당신' 청원 가운데 첫 번째 청원인 "아빠 (또는 하늘에 계신 우리 아버지여) 당신의 이름이 거룩히 여겨지이다"는 마태복음과 누가복음에는 하나의 청원으로 되어 있는데,

엄밀한 의미에서 이것은 청원이라기보다 하나의 신앙 고백으로 보아야 한다는 것입니다. 유대 관습상 하나님의 이름을 말할 때는 반드시 "그의 이름이 거룩히 여겨지이다"라는 식의 자신의 신앙 고백과 자신의 바라는 것을 표현하게 되어 있었습니다. 이와 같은 유대 관습이 바로 여기에 적용되고 있습니다. 즉 하나님의 이름을 부른다면 거기에는 "당신의 이름이 거룩히 여김을 받으시오며"라는 자신의 신앙 고백과 소망이 꼭 따라와야 한다는 것입니다.

마태복음 6장 9절의 "하늘에 계신 우리 아버지여 이름이 거룩히 여김을 받으시오며"라는 이 첫 청원은 '아버지여'라는 하나님의 이름이 나왔기 때문에, 그 이름에 반드시 뒤따라야 하는 하나님 이름을 부른 사람의 신앙 고백과 소망이 "당신의 이름이 거룩히 여겨지이다"라는 말로 표현되어 있다고 봐야 합니다. 그렇다면 이 첫 번째 청원은 엄밀한 의미로 볼 때, 뒤에 나오는 다른 청원들과는 성격이 좀 다릅니다.

그래서 저는 주장하기를, 주기도문은 네 개의 청원으로 구성되어 있습니다. 원래 예수님의 가르침은 첫째로, 하나의 당신 청원 즉 "당신의 나라가 임하게 하소서"라는 것입니다. 이 청원 앞에 있는 "아버지여, 당신 이름이 거룩히 여김을 받으소서"라는 것은 청원이라기보다는 나의 신앙 고백이요, '내가 하나님의 이름을 그렇게 거룩히 여깁니다' "내가 하나님의 이름을 불렀으니 당신의 이름이 거룩히 여겨지이다" 하는 유대교적 관습을 좇아 나의 소망을 표현하는 것이라는 뜻입니다. 그리고 세 번째로 나오는 "당신의 뜻이 하늘에서와 같이 땅에 이루어지이다"라는 것은 "당신 나라가 임하게 하소서"를 구현하는 것이라 볼 수 있습니다. 이 모두를 종합하면, 예수님의 기도는 '하나의 당신 청원'과 '세 개의 우리 청원들'로 구성되어 있다고 보아야 한다는 것이 제 견해입니다.

그러면 우리는 도대체 어떻게 기도해야 합니까? 이 마태복음판이 보여 주는 '주께서 가르쳐 주신 기도'를 따라 기도하지 말아야 하지 않습니까? 아닙니다. 예배용으로 할 때는 마태 식으로 해야 합니다. 마태는 교회 예배용으로 기도의 정형을 이루어 이 주기도문을 잘 발전시켜 놓았기 때문입니다. 즉 '아빠'라는 호칭에 대해서도 예배 언어로 충분히 발전시켜 거룩하시고 전지하시고 전능하신 초월의 하나님에 대한 경외심을 유발시키기 위해 '하늘에 계신'이라는 수식어를 더했고, 송영을 덧붙여 "나라와 권세와 영광이 아버지께 영원히 있사옵나이다"라고 했습니다. 또한 세 개의 '우리 청원'이 있으니 여기에 대칭을 이루도록 앞의 '당신 청원'도 세 개로 맞추어 놓은 것입니다.

즉 이 주기도문을 예수의 제자 공동체인 교회의 예배에서 더 풍성하게 사용할 수 있도록 마태가 정형을 이루어 놓았다고 볼 수 있습니다. 그러므로 우리는 계속해서 마태복음의 주기도문을 따라 우리의 예배에서 이렇게 기도할 것이고 기도해야 합니다.

지금 우리는 왜 이렇게 복잡하게 살펴보고 있습니까? 이렇게 분석하는 것이 무슨 의미가 있습니까? '주께서 가르쳐 주신 기도'가 정말로 강조하려는 부분은 어디에 있는가, 우리가 기도할 때마다 새롭게 의식하고 강조해야 할 핵심적인 것은 무엇인지를 확인하려는 것입니다. 그런데 이 주기도문의 핵심적인 내용이 지금까지 살핀 대로 이 네 가지 청원, 즉 한 개의 당신 청원과 세 개의 우리 청원으로 모아집니다.

주기도문은 언제나 송영과 함께 드려졌다

세 번째로 우리가 살펴봐야 할 문제는 주기도문에 대한 마태판과 누가판 가운데 어느 것이 예수의 원래 가르침에 더 가까운가 하는 것입니다. 이 문제는 혹 우리가 주기도문에 대한 예수의 원래 가르침을 재구성할 수 있을까 하는 물음과 연결이 되기도 합니다. 이 문제를 우리는 어찌됐든 생각해 봐야 합니다. 예수의 원래 가르침을 문자 그대로, 문자까지 재구성하려는 노력을 여기서 다하기는 힘듭니다. 중요한 것은 마태와 누가판을 비교함으로써 어떤 것이 추후에 덧붙여졌는가, 어떤 것이 원래부터 있었는가 하는 것입니다. 이 문제는 우리가 여기서 좀 헤아릴 수 있을 듯하여 먼저 생각해 보겠습니다.

마태판과 누가판을 비교할 때 제일 먼저 원래 사본에는 없으나 우리 교회의 예배 의식에서 항상 덧붙여 나오는 것이 마지막 송영(doxology)입니다. 이것은 원래 누가판에는 일단 없고, 마태판에도 오래된 중요한 사본들은 나오지 않기 때문에 나중에 덧붙은 부분임을 알게 됩니다.

그렇다면 주께서 가르쳐 주신 기도에는 원래 송영이 없었습니까? 그렇지는 않았을 것입니다. 유대의 모든 기도는 항상 송영을 답니다. 송영을 '마지막 도장'이라고 불렀습니다. 유대의 모든 기도는 항상 송영으로 끝나므로 예수께서도 그의 기도를 가르치실 때 분명히 송영을 다셨을 것입니다. 또는 예수께로부터 이 기도를 받은 원래 제자들도 이 기도를 할 때마다 항상 송영을 덧붙여 했을 것입니다. 우리가 그렇게 짐작할 수 있습니다.

하지만 교회 전통은 지금 우리에게 정형화된 "왜냐하면 나라와 권세와 영광이 당신의 것이기 때문입니다"라는 송영을 덧붙였습니다.
왜 이렇게 되었을까를 생각해야 합니다.

이 문제에 도움이 되는 것들 가운데 교부 터툴리안이 쓴 "그의 기
도"라는 논문을 들 수가 있습니다. 그는 그 논문에서 주께서 가르쳐
주신 기도는 "우리를 악으로부터 악한 자로부터 구출하소서"까지가
공적인 기도라고 합니다. 즉 여기까지를 공동체가 함께 기도한다는
것입니다. 그리고 나서 그 다음에는 각자 자신의 개인적인 기도를 덧
붙인다고 가르칩니다. 아마 주께서 가르쳐 주신 기도를 한 뒤 고대 교
회, 터툴리안이 속한 서방 교회에서는 자기들의 특별한 청원들을 올
리고 송영을 한 것으로 보입니다.

그런데 동방 교회 전통에서 보면, 회중은 "악한 자에게서 우리를
구출하소서"라고 거기까지만 기도하면, 사제가 송영을 하는 것으로
예배에서 이 기도 순서를 마칩니다. 지금도 동방 교회 예배 의식
(liturgy)에서는 회중은 "악한 자로부터 우리를 구출하소서"까지만 기
도하면, 예배를 인도하는 사제가 "왜냐하면 나라와 영광과 권능이 당
신의 것이기 때문입니다"라고 송영을 덧붙입니다. 동방 교회 전통에
서는 이 송영이 사제가 하는 것이지만, 그리고 예수의 제자들 가운데
서도 원래 그랬는지는 정확히 알 수 없습니다. 그러나 송영 없이 이
기도를 드리지는 않은 듯합니다.

송영과 관련해 우리의 이해를 돕는 본문을 한번 보도록 합시다. 디
모데후서 4장 17-18절 말씀입니다.

주께서 내 곁에 서서 나를 강건케 하심은 나로 말미암아 전도의 말씀이 온전히 전
파되어 이방인으로 듣게 하려 하심이니 내가 사자의 입에서 건지웠느니라 주께서

나를 모든 악한 일에서 건져내시고 또 그의 천국에 들어가도록 구원하시리니 그에게 영광이 세세 무궁토록 있을지어다 아멘.

18절 말씀을 보면, "주께서 나를 모든 악한 일에서 건져내시고 또 그의 천국에 들어가도록 구원하셨다"고 합니다. 이것은 사실 지금 우리가 살펴보고 있는 주기도문의 요약입니다. 그런데 주기도문의 요약이 무엇과 함께 나와 있습니까? 송영과 함께 나옵니다. 하나님의 영광을 찬양하는 송영과 함께 나옵니다. 그래서 주께서 가르쳐 주신 기도는 처음부터 송영과 함께 나왔을 것이라는 말입니다.

그렇다면 왜 송영이 첫 사본에는 없습니까? 아마 이 송영 부분은 사제가 그때그때 적절하게 만들어서 했든지, 기도를 올리는 회중이 그때그때 적절하게 만들어서 했든지 했기 때문일지도 모릅니다. 어쨌든 이 송영은 자유롭게 지어서 만들 수 있는 것이어서 원래 주기도문 본문에는 포함되지 않은 것이 아닐까 생각합니다. 그러다 점점 송영이 예배 의식에서 정형화되어 마태복음 일부 늦은 사본에 나오는 세 단어 곧 "대개 나라와 권세와 영광"을 사용하여 하나님께 칭송하는 송영으로 정형화된 것 같습니다.

그런데 하나님의 나라와 권세와 영광을 칭송하는 것을 가만히 보면 혹 다니엘서 7장 14절에서 영감을 받지 않았을까 하는 생각이 듭니다. 그 말씀을 보면 하나님께서 "그에게 권세와 영광과 나라를" 위임합니다. 하나님의 하나님 되심을 말할 때 이처럼 삼중으로 말하는 것이 여기에 나오는데, 여기서 영감을 받아 나중에 주기도문에 덧붙인 송영이 삼중으로 되었을 수도 있다고 생각할 수 있습니다.

하나님의 나라와 권세와 영광을 칭송하는 송영은 이 주기도문의 제

일 첫 청원 "당신의 이름이 거룩히 여김을 받으시옵소서"와 소위 인
클루지오(Inclusio)를 이룹니다. 주기도문의 제일 처음은 하나님을
'아빠'라고 부르고 "당신의 이름이 거룩히 여김을 받으시옵소서"라고
기도합니다. 그리고 기도 끝에 하나님의 초월자 되심, 거룩하심, 우주
의 주인 되심, 그의 영광스러움을 천명합니다. 기도하는 사람은 하나
님의 이름을 거룩하게 여기겠다는 서원을 하게 됩니다. 결국 첫 청원
과 송영이 짝을 이루는데, 우리는 이것을 '인클루지오'라고 합니다.
마태복음의 주기도문은 이러한 구조를 우리에게 보여 줍니다.

　다음으로 우리가 토론해야 할 것은 마태가 덧붙인 것인가, 누가가
생략한 것인가 하는 점입니다. 누가판에는 어떻게 되어 있습니까?
'아빠'라고만 되어 있지만, 마태는 '하늘에 계시는'이라는 절을 달아
놓았습니다. 또한 마태복음판 주기도문의 셋째 청원은 "당신의 뜻이
이루어지게 하소서 하늘에서와 마찬가지로 땅에서도"라고 합니다. 마
태의 이 셋째 청원은 누가판에는 나타나지 않습니다.
　마지막으로 마태의 여섯 번째 청원인 "우리를 시험에 들게 하지 마
시고 우리를 악한 자로부터 구출하여 주소서"라는 기도가 누가복음에
는 없습니다. 마태판에는 있지만 누가판에는 없는 이 세 부분에 있어
서, 누가가 원래 있었던 것을 생략한 것인지, 원래 없었던 것을 마태
가 덧붙인 것인지 우리가 따져 봐야 합니다.
　거의 모든 주석가들은 마태가 덧붙였다는 데 동의합니다. 누가가
예수의 원래 기도를 우리에게 전달하고 있으며, 마태는 주기도문을
확대했다고 볼 수 있습니다. 마태복음의 주기도문판은 그 송영이 이
미 잘 보여 주듯이, '하늘에 계시는'이라는 문구가 잘 보여 주듯 주기

도문이 교회 예배 의식(Liturgy)으로 오래 사용되면서 굉장히 풍부하게 발달한 모습을 보여 줍니다. 누가판에는 없으면서 마태판에 나타나는 부분은 마태가 확대한 것으로 결론 내릴 수 있습니다.

그러면 마태는 왜 이런 부분을 더 확대했습니까? 이 주기도문의 뜻을 분명하고 더 풍부하게 하기 위해서라고 볼 수 있습니다. 마태판과 누가판에서 각 청원의 표현들이 서로 다르기도 한데, 그 부분은 청원들에 대하여 자세히 공부할 때 다루도록 하겠습니다.

우리가 짚고 넘어가야 할 것은 이 주기도문이 몇 개의 청원들로 되어 있느냐 하는 것입니다. 마태와 누가를 비교해 봅시다. 누가는 다섯 개인 반면, 마태는 여섯 개의 청원들로 되어 있습니다. 누가판에는 "당신의 뜻이 하늘에서와 같이 땅에서도 이루어지이다"가 없습니다. 그 이유는 마태가 나중에 교회 예배 의식의 공식 기도로 발달된 상태의 주기도문을 반영한 것 같다는 판정을 우리는 이미 내렸습니다.

그런데 제가 관찰컨대 주기도문은 사실 네 개의 청원으로 되어 있습니다. 왜 그렇습니까?

첫째로, 앞에서도 살펴봤듯이 마태판의 셋째 청원인 "당신의 뜻이 하늘에서와 같이 땅 위에서도 이루어지게 하소서"라는 것은 분명 바로 앞에 가는 하나님 나라의 청원을 부연 설명하는 청원입니다. 마태가 덧붙인 "당신의 나라가 땅 위에서도 임하게 하소서"라는 이 셋째 청원은 바로 앞서가는 "하나님 나라가 이 땅에 빨리 이루어지게 하소서"라는 청원에 대한 부연이라 볼 수 있습니다.

마태의 부연을 이해하기 위해서는 유대인의 세계관을 생각해 보아야 합니다. 유대인들의 세계관에 따르면 세계는 하늘과 땅으로 되어 있습니다. 하늘에는 하나님이 계시고, 이 땅 위에는 하나님이 자신의 대리자로 세운 인간 아담이 있습니다. 이것이 아담을 자기 형상으로 지으셨다는 창세기 1장 26절, 28절의 가장 기본적인 의미입니다. 하나님이 아담을 땅 위에 자기 대리인으로 세웠습니다.

이렇게 아담을 통해 하늘에 계신 하나님은 땅을 통치하시는데, 그 대리인이 어떻게 되었습니까? 대리인 아담이 하나님을 배반하는 일이 발생했습니다. 하나님을 인정하지 않고 사탄의 통치에 빠져 도리어 사탄의 대리인으로 변한 것입니다. 그리하여 땅은 지금 하나님의 통치에 반란을 일으킨 상황 가운데 있습니다. 하늘에서는 하나님의 통치가 이루어지지만 땅 위에서는 하나님의 통치가 지금 일어나지 않고 있습니다. 하나님의 통치가 하늘에서 땅 위로 내려와야 하는 것도 그 때문입니다. 다시금 땅이 하나님의 통치 아래로 들어와야 하는 것입니다. 하늘에서는 하나님의 통치가 이루어져 하나님의 뜻이 이루어지나, 땅 위에서는 하나님의 통치가 거역됨으로써 하나님의 뜻이 실현되지 않고 있다는 것입니다. 그러므로 "하나님의 나라가 빨리 땅 위에 임하게 하소서, 그래서 땅 위에서도 하나님의 뜻이 이루지게 하소서"라는 부연하는 청원을 드리지 않을 수 없는 것입니다.

우리로 하여금 마태판의 이 셋째 청원을 하나님 나라 청원에 대한 부연 설명으로 보도록 도와주는 또 다른 말씀이 있습니다. 마태복음 7장 21절입니다.

나더러 주여 주여 하는 자마다 천국에 다 들어갈 것이 아니요 다만 하늘에 계신 내 아버지의 뜻대로 행하는 자라야 들어가리라.

여기에 보면 하나님 나라에 들어가는 것이 무엇과 동일시되고 있습니까? 하나님의 뜻을 행하는 것이 곧 하나님 나라에 들어가는 것이라고 했습니다. 하나님 나라에 들어가는 것과 하나님의 뜻은 거의 동의어로 쓰입니다. 그러므로 마태판에 나오는 "당신의 나라가 오게 하소서"와 뒤이어 나오는 "당신의 뜻이 땅에서도 이루어지게 하소서"는 사실 하나의 청원이라고 볼 수 있습니다.

제가 또 한 가지 주장하고 싶은 것이 있습니다. 첫 청원 즉 "당신의 이름이 거룩히 여김을 받게 하소서"는 진정한 청원이라기보다 일종의 찬양으로 봐야 한다는 것입니다. 이 청원은 하나의 기도를 여는 처음 부분에 들어가는 찬양으로 봐야 합니다.

전통적으로 마태복음 주기도문의 첫 청원이라고 하는 "당신의 이름이 거룩히 여김을 받게 하소서"를 앞서 소개한 유대의 카디쉬 기도와 비교해 보십시오. 카디쉬 기도 첫 번째 줄을 보면, "그분의 이름이 높여지고 거룩히 여겨지이다"라고 되어 있습니다. 이처럼 기도를 처음 열 때 찬양으로 시작하는 것입니다.

역시 앞서 소개한 '18번 축복 기도'의 구조를 보겠습니다. '18번 축복 기도'의 1-3절은 서문으로서 찬양이고, 4-9절은 개인의 일상의 필요에 대한 청원들이며, 10-16절까지는 종말론적 청원에 해당하며, 17-18절은 결론 부분입니다. 여기서도 처음 1-3절까지는 찬양 부분인데, 이것이 바로 주께서 가르쳐 주신 기도에서 "당신의 이름이 거룩히 여김을 받으시옵소서" 하는 것에 해당하는 것입니다. 특히 '18번 축복 기도'의 3절을 보면 "당신은 거룩하시고 당신의 이름은 경외로우시며 당신 외에는 다른 신이 없습니다"라는 기도를 하는데, 여기에 해당하는 것이 지금 주께서 가르쳐 주신 기도에서 우리가 보통 첫 청원이라고 하는 "당신의 이름이 거룩히 여김을 받으시옵소서"

입니다.

랍비 문서나 쿰란 문서 등과 같은 유대 문서들을 보면, 하나님의 이름을 거명한 후 그 이름의 거룩함을 찬양하든지 그 이름에 복을 송축하는 것이 병행하는 것을 볼 수 있습니다.

이상에서 본 것처럼 이런 식의 표현은 유대인들의 어법입니다. 예수님도 그 어법에 따라 하나님의 이름 곧 '아빠'를 호칭한 후 하나님의 초월자 되심을 선언함으로써 하나님을 찬양하고 있다고 보는 것이 옳을 것입니다.

만약 "당신의 이름이 거룩히 여김을 받으시오며"라는 것이 첫 청원이었다면 아마 카디쉬 기도의 둘째 줄에서처럼 "그분의 이름이 높여지기를 원합니다"라고 하든지 "그분의 뜻과 그분의 이름이 이 세상에서 거룩히 여김을 받으시옵소서"라고 해야 할 것입니다. 적어도 '세상에서'나 '하늘에서와 같이 이 땅 위에서'라는 말들이 덧붙었을 것입니다.

만약 "당신의 이름이 거룩히 여김을 받으시옵소서"라는 말이 찬양이 아니라 본디 그저 청원이었다면, 그 말 뒤에도 "당신 뜻이 이루어지게 하소서"라는 말처럼 '하늘에서와 같이 땅에서도'라는 문구가 들어갔을 것입니다. 그런데 "하늘에서와 같이 땅 위에서도"라는 이 말은 "당신의 이름이 거룩히 여김을 받으시옵소서"라는 말을 수식하지 않습니다. 왜냐하면 그 중간에 "당신의 나라가 임하게 하소서"라는 두 번째 청원이 있기 때문입니다. 따라서 이 "하늘에서와 같이 땅 위에서도"는 어디까지나 "당신의 뜻이 이루어지소서"라는 세 번째 청원만을 수식한다고 보아야 합니다. 이런 저런 것을 볼 때 "당신의 이름이 거룩히 여김을 받으옵소서"는 청원이라기보다 하나님 이름에 대한 찬양이라고 할 수 있습니다.

좀더 나아가 마태복음 6장 32절 전반부를 봅시다. "이는 다 이방인들이 구하는 것이라"고 되어 있습니다. 이방인들이 구하는 것들이 무엇입니까? 31절에 언급되었듯이 "무엇을 먹을까 무엇을 마실까 무엇을 입을까"입니다. 이런 것은 다 이방인들이 구하는 것이라는 말입니다. 그 다음 32절 후반부는 "너희 천부께서 이 모든 것이 너희에게 있어야 할 줄을 아시느니라"고 합니다. 하늘에 계신 아빠께서 아신다는 것입니다.

그런데 마태복음 6장 구조에서 이 32절 상반절 "이는 다 이방인들이 구하는 것이라"는 말씀은 바로 7절과 인클루지오를 이룹니다. 7절에서 예수는 제자들에게 이방인들처럼 기도하지 말라고 가르칩니다. 이방인들은 어떻게 기도합니까? 중언부언한다는 것입니다. 반면 32절 하반절 "너희 천부께서 이 모든 것이 너희에게 있어야 할 줄을 아시느니라"는 말씀은 8절 "그러므로 저희를 본받지 말라 구하기 전에 너희에게 있어야 할 것을 하나님 너희 아버지께서 아시느니라"와 인클루지오를 이루고 있습니다.

이와 같은 수미쌍관 구조가 우리에게 시사하는 바는 무엇입니까? 먼저, 6장 7절과 8절은 6장 9-13절의 주기도문에 대한 서문입니다. 32절 상반절과 32절 하반절은 33절에 대한 서문입니다. 그런데 33절은 무엇을 말합니까?

너희는 먼저 그의 나라와 그의 의를 구하라 그리하면 이 모든 것을 너희에게 더하시리라.

먼저 하나님의 나라와 그의 의를 구하면 이 모든 것들이 다 채워진다고 말합니다. 자세히 보십시오. 7절은 32절 상반절과 인클루지오를 이루고, 8절은 32절 하반절과 인클루지오를 이룹니다. 그러니까 32절과 인쿨루지오를 이루는 7－8절은 이방인들의 기도가 무엇이 문제인지 지적하면서 제자들에게는 "너희에게는 하나님이 아빠이시기 때문에 너희 기도는 이방인들과 달라야 하니 중언부언하지 말고 염려하지 말아라"고 합니다. 바로 이것이 주기도문에 대한 서문입니다. 그런데 이와 내용을 같이하는 32절 상반절과 하반절은 33절 말씀에 대한 서문 노릇을 하고 있습니다. 33절의 내용이 무엇입니까? 하나님의 나라와 그의 의를 구하라는 것입니다.

이처럼 7－8절은 9－13절(주기도문)에 대한 서문이고, 32절 상반절과 하반절은 33절의 서문이므로 우리는 당연히 어떻게 보아야 합니까? 33절을 주기도문의 요약으로 볼 수 있다는 것입니다. 주기도문의 요약으로 볼 수 있는 이 33절 말씀의 핵심은 무엇입니까? 하나님의 나라와 그분의 의입니다. 즉 하나님 나라입니다. 그렇다면, 주기도문의 핵심 역시 다름이 아니라 하나님 나라임을 알 수 있습니다. 주기도문의 핵심은 '하나님 나라' 청원입니다.

결론적으로 분석해 볼 때, 이 주기도문의 중심 내용은 하나님 나라에 대한 청원이고 그 뒤에 나오는 세 개의 청원 즉 양식(마 6:11), 죄 용서(마 6:12), 시험에 들게 하지 말게 해달라는 청원(마 6:13a)들은 부수적인 청원입니다. 그러므로 네 개의 청원이 원래 예수께서 의도한 청원이라고 볼 수 있습니다.

이러한 결론을 뒷받침하는 또 하나의 관찰은 헬라어 원본의 어법입니다. 주기도문의 헬라어 본문을 보면, 마태복음 6장 10절은 "당신의 나라가 임하게 하소서(ἐλθέτω ἡ βασιλεία σου)"라고 되어 있습니다. 이처럼 주기도문 전반부의 세 가지 '당신' 청원은 접속사(καί)없이 나열되어 있는 반면, 11−13절의 세 가지 '우리' 청원들은 청원마다 접속사(καί)로 연결되어 있음을 관찰할 수 있습니다. 11절의 "오늘 우리에게 일용할 양식을 주시옵소서" 하고 난 다음 12절은 "그리고(καί) 우리의 빚을 사하여 주소서(καὶ ἄφες ἡμῖν τὰ ὀφειλήματα ἡμῶν)"이며, 이어지는 13절의 세 번째 청원은 "그리고(καί) 우리를 시험에 들게 하지 마옵소서(καὶ μὴ εἰσενέγκῃς ἡμᾶς εἰς πειρασμόν)"라고 되어 있습니다.

개역 한글판 성경에는 생략되어 있지만, 이처럼 주기도문의 후반부 세 가지 '우리' 청원들은 '카이'와 '카이'로 연결되어 있습니다. 즉 "우리에게 일용할 양식 주시고, 그리고 우리 죄를 사하여 주시고, 그리고 우리를 시험에 들지 말게 하시고"입니다. 이것은 세 개의 '우리' 청원이 서로 연결되어 있다는 것을 보여 줍니다.

이 점은 누가판에서도 마찬가지입니다. 누가복음 11장 3절의 "우리에게 날마다 일용할 양식을 주옵시고"에 이어 4절의 "우리가 우리에게 죄 지은 모든 사람을 용서하오니 우리 죄도 사하여 주옵시고(καὶ ἄφες ἡμῖν τὰς ἁμαρτίας ἡμῶν, καὶ γὰρ αὐτοὶ ἀφίεμεν παντὶ ὀφείλοντι ἡμῖν)"가 접속사 카이로 연결이 되고 있고, 또 "우리를 시험에 들게 하지 마옵소서(καὶ μὴ εἰσενέγκῃς ἡμᾶς εἰς πειρασμόν)"도 접속사 카이로 연결되어 있습니다.

이에 비해, 소위 세 개의 '당신' 청원들에는 접속사 카이가 없습니다. 이와 같은 표현이 우리에게 시사하는 바는, 앞의 세 개 청원은 하나의 청원이라는 것입니다. 앞서 살펴본 대로 주기도문 전반부의 세 개 청원은 모두 '하나님 나라' 청원이고 혹은 중심 청원이라는 것입니다. 그러므로 이미 주장한 것처럼 주기도문의 중심 청원은 '하나님 나라의 청원'입니다." 앞에서 '주께서 가르쳐 주신 기도'를 요약하고 있다고 본 마태복음 6장 33절의 말씀이 "먼저 그의 나라와 그의 의를 구하라"이듯이 하나님 나라를 구하는 것이 주기도문의 중심 청원입니다. 주기도문의 구조상 "하나님 나라가 이루어지게 하소서"라는 하나님 나라 청원이 핵심이며, 이렇게 하나님 나라를 구하면 그 다음에 이어지는 세 개의 우리 청원들이 주어진다는 것입니다.

이런 토론들은 결론적으로 우리에게 무엇을 말해 줍니까? 주기도문이 네 개의 청원으로 되어 있다는 것입니다.

첫째로 하나님 나라의 오심에 대한 청원, 둘째로 일용할 양식에 대한 청원, 셋째로 죄 용서에 대한 청원, 넷째로 지금도 완전히 박멸되지 않는 사탄으로부터의 보호에 대한 청원으로 되어 있다는 것입니다. 그런데 그 네 개의 청원이 다 동등한 것은 아닙니다. 네 개의 청원은 두 개의 구조로 되어 있습니다. 하나는 가장 중요한 청원이면서 주기도문의 중심 청원인 하나님 나라의 오심에 대한 청원이고, 두 번째는 나머지 세 개의 청원들로서 하나님 나라의 옴과 더불어 우리에게 오는 축복들에 대한 청원들입니다.

〈마태복음〉-6개의 청원들로 구성

I. 하나님 이름 부름 - "하늘에 계신 우리 아버지여"

II. 3개의 '당신' 청원 - ① "(당신의) 이름이 거룩히 여김을 받으시오며"

② "(당신의) 나라이 임하옵시며"

③ "(당신의) 뜻이 하늘에서 이룬 것같이 땅에서도 이루어지이다"

III. 3개의 '우리' 청원 - ① "우리에게 일용할 양식을 주옵시고"

② "우리가 우리에게 죄지은 자를 사하여 준 것같이 우리 죄를 사하여 주옵시고"

③ "우리를 시험에 들게 하지 마옵시고 다만 악에서 구하옵소서"

IV. 송영 - "나라와 권세와 영광이 아버지께 영원히 있사옵나이다 아멘"

〈누가복음〉-5개의 청원들로 구성

I. 하나님 이름 부름ㅡ "아버지여"

II. 2개의 '당신' 청원ㅡ ① "(당신의) 이름이 거룩히 여김을 받으시오며"

② "(당신의) 나라이 임하옵시며"

("당신의 뜻이 이루어지이다"ㅡ 생략됨)

III. 3개의 '우리' 청원ㅡ ① "우리에게 날마다 일용할 양식을 주옵시고"

② "우리가 우리에게 죄지은 모든 사람을 용서하오

니 우리 죄도 사하여 주옵시고"

③ "우리를 시험에 들게 하지 마옵소서"

(IV. 송영ㅡ 생략됨)

2

주기도문 강해

하나님 우리 '아빠'

먼저, 1장에서 살펴본 내용들을 간단히 요약한 후 본론으로 들어가겠습니다. '주께서 가르쳐 주신 기도'는 예수 그리스도께서 하나님 나라의 복음을 선포해서 새롭게 창조하고 구성하는 하나님 나라 백성 공동체의 정체성을 결정하는 주된 기도문입니다. 그래서 마태는 이 기도를 산상수훈 전체 문맥 가운데서 그 한복판에 넣어 배치했고, 그렇게 함으로써 이미 마태복음의 문학적 구조를 통해서도 마태는 이 기도가 하나님의 백성의 삶과 제자도의 삶에 원천적인 힘을 제공하는 기도임을 우리에게 말하고 있습니다.

이 기도의 청원은 결국 4개의 청원들로 되어 있다고 결론을 내렸습니다. 마태가 나중에 이 청원들의 뜻을 더 풍부히 하고, 교회의 예배 의식으로 더 균형 있게 잘 사용하기 위해 부연하고 확대했지만 원래는 4개의 청원들로 되어 있다는 것입니다.

그 4개의 청원들은 첫째, '하나님 나라의 옴'을 청원하는 것인데 사실 주기도문의 가장 중심된 청원이 바로 이 하나님 나라 청원임을 살펴보았습니다. 그리고 그 나머지는 '하나님 나라의 옴'으로 인해 그와 함께 우리가 얻게 되는 축복들로 둘째 청원인 일용할 양식, 셋째 청원인 죄 용서, 넷째 청원인 사탄과 악으로부터의 보호입니다. 이 넷째 청원은 우리가 아직 주의 재림 때 완성될 구원을 향해 가고 있는

60

자들임을 전제하는 것이며, 그렇기 때문에 아직도 노출되어 있는 사탄의 시험으로부터의 보호를 요청하는 청원입니다. 결국 주기도문의 중심은 예수의 중심 메시지인 하나님 나라의 옴에 관한 것과 동일함을 알 수 있습니다.

우리가 주기도문을 강해하려고 한다면, 따라서 이 하나님 나라의 옴 또는 예수님의 하나님 나라의 가르침 전체를 음미하면서 그것과의 관련 속에서 주기도문을 묵상해야 합니다. 또한 주께서 가르쳐 주신 이 기도를 드릴 때는 늘 하나님의 통치가 임하게 하는 데 강조점을 두고 기도해야 한다는 것을 알 수 있습니다.

유대 기도에 비추어 본 주기도문의 독특성

이제 유대교와 비교하여 주기도문의 특성들을 생각해 보려 합니다. 이미 앞에서 소개한 대표적인 유대 기도인 '카디쉬 기도'와 '18번 축복 기도' 본문들을 참조하면서 보도록 하겠습니다.

앞서 말씀드린 대로 카디쉬 기도는 회당에서 설교 끝에 회중이 함께 드린 기도이고, 18번 축복 기도는 하루 세 번 즉 아침과 오후의 시작과 석양 때 유대인들이 꼭 드려야 하는 의무적인 기도였습니다.

주께서 가르쳐 주신 기도와 이 기도들을 비교하면 어떤 공통점들이 발견됩니까? 자세히 보면, 카디쉬 기도는 주께서 가르쳐 주신 기도 가운데 특히 전반부와 내용이 상당히 비슷합니다. 카디쉬 기도는 이렇습니다.

"그분의 위대한 이름이 높여지고 거룩히 여겨지이다."

"그분이 그분의 뜻에 따라 지으신 나라 안에서. 그분이 자신의 나라 또는 다스리심이 다스리게 하시길 너희들의 생애에 그리고 너희들의 날들에 그리고 이스라엘 집안 전체의 생애에, 신속히 그리고 조만간. 그분의 위대한 이름이 영원부터 영원까지 찬양되소서 이에 대해 말하라. 아멘."

특히 주제라는 측면으로 본다면 카디쉬 기도는 마태판 주기도문의 전반부와 상당히 비슷합니다. 그런데 무슨 차이점들이 눈에 띕니까? 카디쉬 기도는 3인칭으로 되어 있다는 것입니다. 3인칭 명령어로 되어 있습니다. 반면, 예수의 기도는 2인칭인 당신($\sigma o \upsilon$), 곧 아빠인 당신에게 아뢰는 것으로 되어 있습니다. 벌써 친근감의 정도가 상당히 다릅니다. 유대의 기도는 친근감의 정도가 상당히 떨어지는, 그래서 하나님의 이름에 대해 '그분의 나라' 또는 '그분의 뜻'이라고 표현합니다. 반면 주기도문은 2인칭으로 하나님께 아주 친근하게 직접 아뢰는 것이라는 점에서 두드러진 차이를 보입니다.

두 번째로 눈에 띄는 차이점은 어떤 것입니까? 카디쉬 기도는 이 3인칭과 함께 그 명사들 곧 "그분의 이름이 높아지고 그분의 나라가 다스려지고 그분의 이름이 찬양되게 하소서"라는 식으로 표현한 데 반해, 예수의 기도는 굉장히 단순하게 되어 있습니다. 더더구나 18번 축복 기도와는 크게 대조가 됩니다. 18번 축복 기도는 두 개의 판(版)이 있습니다. 하나는 팔레스타인판이고 다른 하나는 바벨론판인데, 팔레스타인판이 더 오래된 판이지만 바벨론판이 더 길고 더 복잡합니다. 두 판 가운데 더 간단하게 편집되어 있는 팔레스타인판만 해도 주기도보다는 훨씬 복잡하고 깁니다. 이 유대의 기도에 비하면 예수의 기도는 얼마나 단순합니까? 심지어 예수의 기도와 카디쉬 기도와 비교해도 예수의 기도는 아주 간략하고 단순하다는 것을 알 수 있습니다.

또 하나의 차이가 뭡니까? 특히 18번 축복 기도는 1장에서 이야기 했듯이 1−3절은 찬양의 서문이고, 17−18절은 결론 부분이며, 나머지가 중심 되는 청원 부분으로 그 부분은 다시 둘로 나눠집니다. 4−9절까지와 10−16절까지입니다. 4−9절은 일상적인 필요에 대한 청원입니다. "우리에게 지식을 주시옵소서, 우리에게 회개를 주시옵소서, 우리의 죄를 용서하시옵소서, 우리를 고난으로부터 구원해 주시옵소서, 우리의 슬픔을 종식시켜 주시옵소서, 금년에 농사가 잘되게 하여 주시옵소서" 등 일상 생활에서 필요한 것들입니다. 그 다음 10−16절까지는 종말론적인 청원들이라고 할 수 있는데, 민족의 해방과 종말에 해방을 가져다 주시고, 흩어져 사는 유대 디아스포라(Diaspora)를 모아 주시고, 옛 이스라엘의 영광된 역사를 회복시켜 주시옵소서 등 종말론적인 소망을 말하는 것으로 구성되어 있습니다.

방금 본 이 18번 축복 기도와 예수의 주기도문의 순서가 서로 다르다는 것을 발견할 수 있습니다. 주기도문을 요약하면 마태복음 6장 33절이라고 했는데, 그 내용은 '하나님 나라의 옴'입니다. 하나님 나라의 옴은 주기도문의 요약이면서 동시에 가장 우선하는 청원입니다. 주기도문을 요약해 주는 마태복음 6장 33절은 우리로 하여금 '먼저' 구해야 할 것, 그 순서에 있어 앞서는 것이 무엇인지를 명확하게 말하고 있습니다. 즉 '먼저 그의 나라와 그의 의'를 구하면 나머지 것들은 다 주어진다는 것입니다.

이에 비해 유대교의 대표적 일상의 기도인 18번 축복 기도는 순서가 바뀌어 있습니다. 유대 기도에서는 자기들에게 필요한 것들을 '먼저' 구합니다. 그리고 나서 종말론적 소망에 대한 기도가 뒤따릅니다.

주기도문은 하나님의 나라와 그의 의를 구하는 것이 먼저 나오는 반면, 유대인들의 기도는 그 순서가 뒤바뀐 것입니다. 주기도문과 산상수훈이 밝히듯이 우리에게 필요한 여러 가지 것들은 하나님 나라가 옴으로 인해 그 축복으로 함께 주어지는 것들입니다. 무엇이 먼저이고 무엇이 본질인지를 보아야 합니다.

이처럼 유대의 기도와 예수가 가르친 기도는 아주 대조를 이룹니다. 예수님의 기도는 단순하고, 하나님에 대하여 아주 친밀한 관계가 전제되는 기도입니다. 또한 종말론적 오리엔테이션이 아주 강한 기도입니다. 왜 그렇습니까? 이 기도 전체가 하나님 나라의 도래를 핵심으로 이루어져 있기 때문입니다. 인간에게는 하나님 나라의 도래, 즉 초월로부터 우리에게 오는 은혜만이 진정한 소망이며 구원이기 때문입니다. 예수는 바로 이것을 보도록 초청하고 있는 것입니다.

우리에게는 중언부언의 기도가 없는가

예수는 제자들에게 기도를 가르치려 할 때, 마태복음 6장 7절과 8절을 통해 외식하는 기도로 특정되는 유대인들의 기도와 중언부언하는 기도로 특징되는 이방인들의 기도를 지적하셨습니다. 이렇게 함으로써 앞으로 가르치려는 주기도문의 도입을 삼을 뿐 아니라 동시에 자신의 기도를 유대인과 이방인의 기도와 극명하게 대조시킵니다. 그런데 이방인들의 기도의 특징인 중언부언은 유대인들의 기도에서도 별반 다르지 않게 나타나는 것 같습니다.

18번 축복 기도를 주기도문과 비교할 때, 전자는 매우 복잡하고 중언부언하는 기도인 반면 후자는 얼마나 단순한지 모릅니다. 더욱이 앞에서 살핀 것처럼 이 주기도가 결국은 4개의 청원들로 요약될 수 있다고 생각한다면, 이것은 정말 얼마나 단순한 기도입니까? 기도에서 이보다 더 언어를 절약할 수는 없습니다. 즉 "당신의 나라가 임하게 하소서, 우리에게 양식을 주시옵소서, 우리의 죄를 용서하여 주시옵소서, 우리를 시험에 들게 하지 마옵소서"라고 하는 것보다 더 요약할 수는 없을 것입니다. 아주 단순하고 명료합니다. 우리가 도대체 어떻게 기도해야 하는지에 대해 시사하는 바가 크다고 생각합니다.

우리 한국 사람들은 기도를 어떻게 합니까? 적지 않은 경우 중언부언의 기도를 하는 것 같습니다. 그래서 어떤 교회는 아예 강도상 위에 "대표 기도는 3분만"이라고 써 놓기도 합니다. 기도를 너무도 중언부언하면서 하니까 그렇게 하는 게 아닙니까? 그런데 예수께서는 어떻게 하라고 가르치십니까? 중언부언하지 말라는 것입니다. 말을 돌려 복잡하게 하지 말라는 것입니다. 명료하게 하라고 하십니다. 무엇에 강조점을 두라고 하십니까? 하나님 나라에 강조점을 두어 기도하라고 하시는 것입니다.

우리도 혹 유대인들처럼 우리의 먹을 것과 입을 것, 우리의 농사 등처럼 우리의 필요에 대한 기도를 먼저 잔뜩 하고, 마지막에 가서 이 땅에 하나님 나라도 좀 확장되게 해달라는 식으로 기도하지는 않습니까? 예수께서는 먼저 그의 나라를 구하라고 하십니다. 그렇게 하면 그 이외 나머지 것들은 다 허락하신다는 것입니다.

이 주기도문을 이제 곰곰이 생각해 보기를 원합니다. 이 짧은 기도에 기독교 신앙의 특징과 핵심이 무엇인지 보입니다. 이보다 더 명료하고 간략하고, 그리고 하나님께 직접적이면서 친근하게 드리는 기도는 정말 세상에 없습니다. 보다시피 유대의 기도들과 비교해 봄으로써 주께서 가르쳐 주신 기도의 위대함을 다시 한번 발견하게 됩니다.

하나님을 '아빠'라 부르는 것에 담긴 진리

앞에서 논증한 것처럼 주께서 가르쳐 주신 기도의 네 개 청원들을 가만히 보면, 모두 우리의 삶과 실존에 절실히 필요한 것들임을 알 수 있습니다. 주기도문의 청원들은 우리에게 가장 기본적으로 필요한 것들입니다. 그러면 이제 주께서 가르쳐 주신 기도를 하나씩 묵상해 나가도록 하겠습니다.

주기도를 열면서 첫 번째로 만나는 단어는 다름이 아니라 '아빠(πάτερ)'입니다. 주기도문의 제일 첫 단어가 '아빠'입니다. 마태판도 누가판도 그렇게 시작합니다. 주께서 가르치신 기도에서 예수는 기도의 대상인 하나님을 '아빠'라고 부르면서 기도하라고 하신 것입니다. 이제 곧 좀 자세히 음미해 보겠지만, '아빠'라는 단어 하나에 담긴 진리는 참으로 엄청난 것입니다. 그러기에 마태는 누가판에서는 '아빠'라고만 되어 있는 이 호칭의 의미를 좀더 풍부히 하기 위해 이렇게 했습니다.

"하늘에 계시는 우리 아빠(Πάτερ ἡμῶν ὁ ἐν τοῖς οὐρανοῖς)."

이처럼 본디 예수께서는 하나님을 '아빠'라 부르도록 원래 가르치셨습니다. 하나님을 '아빠'라고 부르는 것은 예수의 독특한 어법입니다. 이 '아빠'라는 말은 우리가 사용하는 '아빠'와 똑같은 말입니다. 원래 아버지를 친근하게 부르는 어린아이의 언어였습니다. 하나님을 이렇게 '아빠' 또는 '아버지'로 부르는 것은 언약 신학의 표현입니다. 하나님은 이스라엘을 택하셔서 자기 백성 삼으시고 그들에게 자신이 하나님 노릇 해주시겠다고 약속하셨습니다. 이것을 언약이라고 합니다.

이와 같은 언약의 관계를 표현하시기 위해 구약은 여러 가지 그림 언어들을 사용하고 있습니다. 예컨대 하나님이 "왕이시고 이스라엘은 그의 백성이다"라는 '왕과 백성 그림'의 짝이 있습니다. 또 그 중에 하나가 "하나님이 아버지가 되시고 이스라엘은 그의 아들이다"라는 '아버지와 아들 그림'의 짝입니다. 이 '아버지와 아들 그림'이 나타나는 대표적인 본문 가운데 하나가 이스라엘을 장자로 표현한 출애굽기 4장 23절입니다.

내가 네게 이르기를 내 아들을 놓아서 나를 섬기게 하라 하여도 네가 놓기를 거절하니 내가 네 아들 네 장자를 죽이리라 하셨다 하라 하시니라.

이처럼 구약 성경 곳곳에서 하나님을 이스라엘의 아버지로, 이스라엘을 하나님의 아들로 부르는 경우들을 발견할 수 있습니다. 그 외에도 성경에는 하나님은 목자시고 이스라엘은 그의 양 떼라는 그림 언어도 사용되고, 하나님이 농부시고 이스라엘은 그의 가꾸시는 포도원이라는 그림도 나옵니다. 하나님이 군대 사령관이시고 이스라엘은 징집된 그의 군대라는 그림, 하나님이 신랑이시고 이스라엘은 그의 신부라는 그림 등 짝을 이루는 여러 그림 언어들이 있습니다. 모두 근본적으로 하나님과 이스라엘 사이의 언약적 관계를 나타내 주는 그림들입니다. 하나님의 하나님 노릇 해주심과 이스라엘이 그분의 백성으로서 그분의 하나님 노릇 해주심을 의지해서 사는 관계를 나타내기 위해 동원된 그림 언어들입니다.

아버지와 아들 그림의 짝도 그 중 하나인데, 하나님이 이스라엘의 아버지이고 이스라엘은 하나님의 아들이라는 것입니다. 특히 이 아버지와 아들 그림은 하나님과 이스라엘의 언약 관계를 나타내는 중요한 사상을 담고 있습니다. 그런 점에서 예수님은 어린아이의 언어를 사용하여 하나님을 '아빠'라고 가장 친근하게 부릅니다. 예수께서 하나님을 '아빠'라고 불렀고, 제자들에게도 그렇게 부르라고 한 것과는 달리 유대 문헌에는 그런 예가 거의 없습니다. 하나님을 이렇게 '아빠'라 하는 것은 아주 독특하다는 뜻입니다.

이런 현상을 처음으로 주의 깊게 관찰한 사람은 영국의 토마스 월터 맨슨(T. W. Manson) 교수였습니다. 1930년대에 이미 '아빠' 사용의 중요성을 관찰한 사람입니다. 그리고 그것을 독일의 신학자 요야킴 예레미아스(J. Jeremias)는 훨씬 더 확대 연구했습니다. 예레미아스는 주장하기를 "예수 그리스도를 전후한 유대 문서 어느 곳에서도 유대인들이 하나님을 아빠라고 부른 예가 없다"고 합니다. 사실 거룩한 하나님, 초월의 하나님에 대한 큰 경외심을 가지던 유대인들이 하나님을 이렇게 친근하게 부를 수는 없었을 것입니다. 유대 신학의 틀속에서는 사실상 불가능합니다.

그런데 예수께서 아주 혁명적으로 하나님을 이렇게 '아빠'라고 부른 것입니다. 이것이야말로 예수의 독특한 어법입니다.

첫째로 예수가 독특한 하나님의 아들임을 나타내는 것이고, 예수 자신이 하나님의 독특한 아들이라는 자기 이해를 갖고 있음을 보여 주는 것입니다.

또 하나 관찰할 것은, 예수께서는 제자들에게도 자신과 마찬가지로 하나님을 '아빠'라고 부르게 했다는 사실입니다. 제자들에게 가르치는 기도의 첫마디에서 하늘과 땅을 지으시고 역사를 다스리시는 하나님을 '아빠'라고 부르도록 한 것은, 예수의 자기 이해 곧 자신의 사역에 대한 이해가 어떤 것인지를 생각하게 합니다. 예수는 자기를 자신의 하나님 나라 복음 선포를 통해 새롭게 창조하고 모으는 자들을 하나님의 자녀들로 만들어 창조주 하나님의 부요함을 덧입게 하는 자로 이해했습니다. 그러니까 예수는 우리를 하나님의 자녀로 만드는 하나님의 독특한 아들이라는 자기 이해를 이 한마디 '아빠'라는 표현 속에 담습니다. 이렇게 예레미아스는 이 예수의 하나님 아빠 부름, 그리고 제자들에게 하나님을 '아빠'라고 부르며 기도하게 하는 것의 의미를 굉장히 강조했습니다.

하도 강조하니까 추후에 학자들은 이에 반발하여, 예수의 하나님에 대한 '아빠' 사용은 그렇게 독특한 것이 아니라고 주장하기도 했습니다. 영국의 제임스 바(James Bar) 같은 학자가 여기에 속합니다. 이 사람은 상당히 예리한 구약 학자였는데, 비유하자면 남의 풍선에 바람을 빼는 일을 전문으로 하는 사람이었습니다. 즉 학계에서 굉장히 중요한 이론으로 성립됐다 싶으면, 곧 그 이론에 대해 그렇지 않다고 함으로써 잔뜩 기대를 모으고 있는 그 학설에 대해 기운을 빼 버리는 일을 전문으로 하는 사람이라는 말입니다.

좀더 온건한 학자로 튀빙겐 대학의 구약 교수 한스 뤼거가 있습니다. 그는 유대 랍비 문서들을 보면, 대여섯 곳에 유대인들이 하나님을 아버지 또는 '아빠'라고 부른 데가 있다고 말합니다. 결국 예수의 '아빠' 사용이 그리 중요하지 않다는 것을 말하려는 것입니다.

예레미아스도 물론 유대인들이 하나님을 '우리 아버지' 라고 부른 데는 여러 가지 이유가 있다고 인정합니다. 중요한 것은 예수께서 하신 것처럼 어린아이의 언어로 친근하게 부른 예가 없다는 것이 그의 주장입니다.

그런데 방금 언급한 학자들은, 자세히 잘 보면 유대 문서에도 적어도 대여섯 곳에 이렇게 친근하게 부른 흔적이 있다고 주장합니다. 그러므로 예수의 이 용례가 절대적으로 독특하다고 볼 수 없다며 예레미아스가 크게 바람을 불어넣은 예수의 '아빠' 사용의 독특성이라는 풍선에 약간 바늘을 갖다 댄 셈입니다. 다행히 공기가 다 빠지지는 않았습니다.

왜 예수의 '아빠' 사용이 아주 독특하다고 계속 말할 수 있습니까? 로마서 8장 15-16절이나 갈라디아서 4장 6절 말씀을 보십시오. 바울은 하나님의 아들 그리스도 예수께서 우리 안에 내주하시는데, 그리스도께서는 우리 안에서부터 하나님께 '아빠' 라고 부르짖는다고 설명합니다. 거기 보면, 바울은 셈족 언어인 '아빠' 를 먼저 쓰고 헬라어를 쓰는 로마 사람들이나 갈라디아 사람들에게 그 '아빠' 가 무슨 뜻인지를 번역해 주기 위해 뭐라고 덧붙입니까? '아빠 곧 아버지 (αββα ὁ πατερ)' 라고 표현합니다. 즉 셈족어인 '아빠' 를 번역해 주고 있습니다. 여기 나오는 '아버지(ὁ πατερ)' 는 말하자면 바울이 써 놓은 번역입니다. 그래서 괄호 속에 넣어 표현할 수 있습니다.

여기서, 바울이 구태여 '아빠' 라는 셈족 언어를 헬라어를 하는 독자에게 헬라어로 쓰여진 편지에 사용하는 이유가 무엇입니까? 이게 바로 예수의 아주 독특한 가르침으로서 제자들이 따라 해야 하는 기도였기 때문에, 심지어 헬라어를 쓰는 사람들까지도 이 예수의 독특한 기도 칭호는 따라 했기 때문에 그 관행을 바울이 여기서 따라 하고 있는 것입니다.

거꾸로 말합시다. 바울이 누구입니까? 원래는 유대 신학자 아닙니까? 만일 하나님을 '아빠'라 부르는 것이 유대교에서 보편적이고 조금도 독특한 것이 아니었다면 구태여 로마서 8장이나 갈라디아서 4장에서 셈족 언어로 음역해서 아빠라고 쓸 리가 없지 않겠습니까? 이것은 예수의 아주 독특한 하나님에 대한 칭호로 인정되었고 그것을 심지어 헬라어를 쓰는 사람들도 따라 했기 때문에 바울이 그 관행을 좇아 이렇게 '아빠'라고 쓰는 것입니다. 그것을 혹시 못 알아들을까 봐 염려해서 괄호에 '아버지(δ $\pi\alpha\tau\epsilon\rho$)'라고 번역을 해준 것이라고 볼 수 있습니다.

예수의 '아빠' 칭호 사용이 설령 제임스 바나 한스 베터 뤼거나 제임스 던 같은 사람들이 주장하는 것처럼 유대교에 약간 쓰인 흔적이 더러 있다 하더라도 아주 드문 예이며, '아빠'가 유대인들의 하나님에 대한 호칭으로는 거의 사용되지 않았습니다. 뒤집어 말하면 예수님이 하나님을 '아빠'라고 부른 것은 아주 독특하다고 볼 수 있습니다. '아빠' 사용이 절대적인 것은 아니라 하더라도 예수께서 제자들에게 가르치는 중심 기도의 첫마디를 '아빠'로 삼은 것은 이 기도를 하는 새로운 하나님의 백성들이 하나님의 자녀들로서의 분명한 자기 이해를 가지고 기도를 시작하도록 의도한 것이라고 보아야 합니다.

그렇기 때문에 예수의 '아빠' 사용 자체가 독특하고 중요할 뿐 아니라, 예수의 오심으로 말미암아 이제 새롭게 시작되는 예수 공동체의 정신과 신학을 요약하는 기도를 '아빠'로 시작한다는 것은 시사하는 바가 크다고 말할 수밖에 없습니다. 예수가 하나님의 독특한 아들로서 우리를 하나님의 자녀로 만들어 주는 분이라면, 그것을 하나님을 '아빠'라고 부름으로써 모두 담아 내는 것입니다. 그렇다면 이 '아빠'라는 부름 속에는 이미 자신의 구원자 되심의 주장이 간접적으로 들어 있고, 자신의 종말의 구원자 되심의 주장이 내포되어 있습니다. 이것을 '간접 기독론'이라고 합니다. 예레미아스는 이 '아빠'라는 말속에 예수의 자기 이해뿐 아니라 신약의 기독론이 다 들어 있다고 말해도 과언이 아니라고 주장합니다.

이 '아빠' 기도가 한편으로 기독론적 의미를 함축하고 있다면, 다른 한편으로는 우리에게 대하여 함축하고 있는 의미도 매우 큽니다. 즉 우리 인간들이 창조주 하나님을 '아빠'라고 부를 수 있게 되었음을 의미합니다. 이것은 이미 우리가 하나님의 아들들과 딸들 곧 하나님의 자녀들이 됨을 전제하는 것입니다. 그런데 이 하나님의 자녀 됨, 곧 하나님의 아들이라는 그림 언어의 가장 기본적인 의미는 '상속자'라는 것입니다.

따라서 '우리'가 '하나님'을 '아빠'라고 부르는 것은 하늘과 땅을 지으신 그 하나님이 우리의 아빠라는 뜻이며, 그분의 그 모든 부요함을 내가 상속받을 수 있다는 것을 의미합니다. 상속받는다는 것은 결코 모자람이 없는 그 하나님의 부요를 내가 끌어 쓸 수 있다는 뜻입니다. 피조물인 우리가 창조주인 하나님의 부요함을 끌어 쓰고자 하는 행위, 그것이 기도입니다.

우리가 무엇을 근거로 그 하나님의 부요함을 끌어 쓸 수 있습니까? 하나님을 '아빠'라고 부를 수 있는 자가 되었기 때문입니다. 누가 우리로 하여금 창조주 하나님을 '아빠'라고 부르도록 했습니까? 하나님을 '아빠'라고 부를 수 있는 자격과 권한을 도대체 누가 우리에게 부여합니까? 예수님이십니다. 우리로 하여금 하나님을 '아빠'라고 부르라고 한 분은 예수님 자신입니다. "너희는 이렇게 기도하라 하늘에 계신 우리 아버지여…"라고 그분이 가르쳐 주셨습니다.

'아빠' 이지만 그분은 경외받으셔야 할 분이다

여기서 마태는 우리가 이렇게 하나님을 '아빠'라고 부르는 것이 도대체 무슨 의미를 내포하는지 더욱 분명하게 하기 위해 '하늘에 계시는'이라는 말을 덧붙여 놓았습니다. 마태판에 '아빠'를 수식하는 말로 덧붙여져 있는 이 말이 의미하는 바가 무엇일까요? 그것은 무엇보다도 하나님의 초월성을 강조하는 것입니다. 하나님을 '아빠'라 하는 것이 '친근감'을 강조한다면, '하늘에 계시는'은 하나님의 '초월성'을 강조하는 것입니다. 그러므로 '하늘에 계시는 아빠'라는 표현은 초월해 계시지만 우리의 아빠 되시는 친근하신 분임을, 즉 하나님의 초월과 친근하심의 변증법적 관계를 아주 잘 보여 주는 것입니다.

초월성과 친근감 이 두 가지는 똑같이 매우 필요할 뿐 아니라 아주 중요합니다. 예수의 하나님 나라의 가르침에 대해서는 뒷부분에서 강조하겠지만, 예수는 하나님 나라의 복음을 선포하되 이 두 가지 즉 하나님의 친근하심과 초월성 양쪽을 다 강조합니다. 하나님이 우리 가운데 오시고, 우리와 함께 하시고, 우리 가운데 내재하셔서 우리를 돌보신다는 친근감이 이 기도에 나타나고 있습니다. 이와 같은 하나님의 내재성은 하나님의 초월성과 함께 예수의 하나님 나라 또는 하나님에 대한 가르침에서 강조되고 있습니다.

왜 예수의 가르침에는 이 초월성과 내재성이 함께 강조되는 것일까요? 우선, 우리 인간을 구원하려면 초월하셔야 하기 때문입니다. 초월하다는 말은 무한하시다는 뜻입니다. 하나님이 우주보다 작다면 그것은 말할 것도 없거니와 하나님이 우주의 크기 정도만큼 크시다고 해도 하나님은 고장난 이 우주를 고칠 수가 없습니다. 논리적으로 불가능한 것입니다. 우주보다 더 크고 막강하셔야만 우주를 고칠 수 있습니다. 이것이 바로 초월입니다.

그러나 그 하나님이 이렇게 초월하셔서 우주를 고칠 수 있는 분 즉 구원하실 만한 능력이 있으신 분이기는 하지만, 우리 인간에게 다가오시지 않고 내재하시지 않고, 그래서 우리에게 친절을 베푸시지 않고, 우리에게 아빠 노릇 하지 않은 채 하늘 꼭대기 보좌에 홀로 고고하게 앉아 계시기만 하다면, 이 경우 역시 우리에게는 구원이 일어나지 않습니다. 그 '초월'하신 하나님이 우리 가운데 '옴'으로서, 그래서 우리에게 친근한 아빠 노릇 해주셔야만 드디어 구원이 발생할 수 있습니다.

여기서 잠시 다른 종교들의 신관을 비교해 보겠습니다. 하나님의 초월성을 부인하는 신론을 무엇이라고 합니까? 범신론이라고 합니다. 인도 계열의 힌두교나 불교가 대표적인 범신론 종교입니다. 그런 종교들의 구원론은 자력 구원론일 수밖에 없습니다. 인간을 구원하는 신이 따로 있는 게 아니라고 보기 때문입니다. 범신론은 우리 밖의 초월의 세계에 우리를 구원하는 초월자가 있는 게 아니라고 봅니다. 우리를 구원하는 신이 우리 바깥에 따로 있는 것이 아니라고 보기 때문에 결국은 자기가 자신을 구원해야 된다는 결론에 도달합니다.

반면, 거꾸로 신의 초월은 강조하나 신의 내재 즉 신이 우리를 구원하러 우리에게로 와야 한다는 측면을 부정하거나 약화시키는 신론이 있는데 그것을 이신론(Deism)이라고 합니다. 대표적으로 이슬람이 여기에 속합니다.

이슬람의 신학에 의하면, 우리 인간을 구원할 수 있는 신이 존재하기는 합니다. 알라입니다. 알라가 위대하다는 모슬렘 나라들에서 하루에도 몇 번씩 반복되는 고백입니다. 회교 사원에 잇는 소위 미나레트(minaret)에서 선포되는 기도의 부름에 첫마디가 바로 "알라는 위대하다"는 것입니다. 그러나 그 알라는 하늘 저 꼭대기에 홀로 앉아 있을 뿐이지, 결코 이 타락한 세상에 오지 않습니다. 초월의 신을 인정하지만 이 이신론 속에서도 구원론은 결국 자력 구원론입니다. 그래서 숙명주의에 빠지든지, 메카를 순례하고 금욕을 하고 라마단 금식을 하며 하루에 다섯 번씩 기도를 하고, 동냥을 많이 주어서 적선을 많이 해야 한다고 하는 자력 구원에 빠지고 마는 것입니다.

그런데 예수께서 강조하시는 하나님은 하늘에 계신 분이며 그래서 초월하신 분이지만, 우리에게 오셔서 우리의 아빠 노릇 해주시는 분입니다. 초월과 내재 또는 거리감과 친근감의 양면이 적절히 강조되는 변증법적 하나님 이해를 우리에게 보여 주고 있습니다.

'아빠' 부름은 전적인 의존을 고백하는 것이다

이 '아빠' 부름을 좀더 이해하기 위해 구약적인 배경을 생각해 보아야 합니다. 구약적인 배경에서 '아빠'라는 아들의 언어는 언약의 언어라는 것을 이미 좀 언급했습니다. 그래서 이 언어는 하나님의 사랑을 표현하는 것이고, 인간의 하나님에 대한 의존과 순종을 표현하는 언어입니다. 그래서 하나님을 '아빠'라고 부르는 사람은 하나님의 사랑을 확신하고, 그의 사랑에 의존심을 표현하는 것이 됩니다. 즉 그에게 순종을 서약하는 셈입니다. 자녀들이 '아빠'라고 할 때 아빠인 나의 사랑을 확신하고 나를 의지하고 나에게 순종하듯이, 하나님을 '아빠'라고 부르는 언어는 하나님의 사랑을 제일 먼저 강조하면서 동시에 하나님에 대한 우리의 의존과 순종을 표현하고 고백하는 언어입니다.

특히 구약적 배경에서 아들과 아버지의 상호 앎, 하나님 아버지와 그 백성 이스라엘 간의 상호 앎의 관계는 '아버지와 아들의 관계' 형성에 중요한 요소입니다.

이사야 1장 2-3절을 생각해 보십시오. 이 본문에 전제되는 것이 무엇입니까? 이스라엘이 하나님의 자녀이기 때문에 당연히 서로 앎의 관계가 설정되어야 하고, 서로의 앎의 관계는 서로의 신실함이 전제되어야 합니다. 그래서 이스라엘이 하나님을 아버지로 인정하고 그에게 의지하고 순종해야 함을 당연히 여겨야 하는데, 그럼에도 이스라엘이 그렇지 못함을 하나님께서 탓하는 내용을 담고 있습니다. 소도 주인을 알고 순종하듯이 당연히 나의 백성 이스라엘 곧 나의 아들들은 나를 알고 인정하고 의지하고 순종해야 하는데, 그렇게 하지 않는다고 하나님께서 질책하신 것입니다.

앎이란 서로의 관계 속에서 나오는 지식입니다. 이 지식은 추상적이거나 객관적인 지식이 아니라 서로의 관계 속에서 나오는 지식입니다. 관계를 신실하게 맺음을 통해 나오는 지식입니다. 이와 같은 친근한 관계가 하나님과 그 백성과의 관계라는 것입니다.

이러한 배경을 가지고 있는 아들의 언어를 사용하여 예수께서는 주기도문의 서문이라고 할 수 있는 마태복음 6장 8절과 이것을 되풀이하는 6장 32절에서 이렇게 가르치십니다.

"너희 하늘에 계신 아버지께서 너희가 기도하기 전에 이미 너희의 필요함을 안다."

즉 하나님이 아빠이기 때문에 자기의 자녀들을 속속들이 아신다는 것입니다. 때문에 자녀들의 필요를 아신다는 것입니다. 우리의 연약함도 아시고 우리의 필요한 것들도 아십니다. 그러므로 우리가 이방인들처럼 중언부언 기도할 필요가 없다는 것입니다. 우리가 구할 것은 사실 하나밖에 없습니다. 무엇입니까? 하나님 나라 곧 하나님 나라의 오심입니다.

아버지와 아들 관계는 앎이 전제되는 관계이다

하나님과 인간의 관계, 또는 하나님과 그의 백성의 관계를 아버지와 아들의 관계로 표현하는 가장 좋은 가르침은 누가복음 15장 탕자의 비유입니다.

탕자의 비유를 당시 유대교 사상에 비교해 보면 새로운 면이 있습니다. 아들이 아버지를 인정하지 않아도 아버지는 끝까지 신실하다는 것입니다. 아버지의 아들에 대하여 끝까지 아비 노릇 해주심을 신학적 용어로 '하나님의 의' 라고 하는데, 이 하나님의 의는 항상 아들에

대한 자비로 나타납니다. 이 하나님의 의 곧 자기 아들에 대한 신실함
은 의롭지 못한 하나님의 자녀들에게 용서라는 자비로 나타납니다.
그런데 그 자비가 아들에게 회개를 일으킵니다.

여기서 우리는 하나님의 자비가 회개에 앞선다는 사실을 발견하게
됩니다. 하나님이 항상 자비를 베푸시기 때문에 그것이 이 아들에게
회개할 수 있도록 유도한다는 것입니다. 바로 이 점이 탕자의 비유에
서 굉장히 강조됩니다. 곧 하나님이 우리에게 대하여 아빠 노릇 해주
심, 그것이 우리에게 자비로 나타난다는 것입니다. 그래서 드디어 우
리가 하나님께 우리의 죄를 고백하고 용서를 빌 수가 있습니다.

좀더 자세히 보겠지만, 예수의 하나님 나라 선포 의도는 종말에 하
나님 나라의 백성 즉 새 하나님의 백성을 창조하고 모으는 데 있었습
니다. 예수께서 왜 오셨습니까? 무엇 하려고 오셨다고 성경은 말합니
까? 마가복음 2장 17절을 보면, 죄인들을 부르러 오셨다고 말합니다.
죄인들을 죄와 죽음으로 다스리는 사탄의 나라에서 불러내 회개케 함
으로써 사탄의 나라에서 나와 의와 생명으로 다스리는 하나님 나라로
믿음으로 들어오도록 부르러 오셨습니다. 그리하여 하나님의 새로운
백성의 공동체를 창조하고 모으려는 것, 그것이 예수의 하나님 나라
선포입니다.

예수는 누가복음 12장 32절 등의 구절에서 하나님 나라의 복음에
응한 자들에게 "너희의 하늘에 계신 아빠께서 너희들에게 그 나라를
주시기를 기뻐하신다"고 축복하십니다. 이들을 새로운 하나님의 백성
의 공동체로 창조하고 모으는 이것이 예수의 하나님 나라 선포 의도
입니다. 그래서 예수의 하나님 나라 복음의 선포에 회개와 믿음으로
응한 자들에게 하나님을 아빠라고 부르면서 기도하라고 하는 것입니

다. 그래서 주기도문의 첫마디가 '아빠'가 되는 것입니다. 이사야 43장 1-7절을 보겠습니다.

야곱아 너를 창조하신 여호와께서 이제 말씀하시느니라 이스라엘아 너를 조성하신 자가 이제 말씀하시느니라 너는 두려워 말라 내가 너를 구속하였고 내가 너를 지명하여 불렀나니 너는 내 것이라 네가 물 가운데로 지날 때에 내가 함께 할 것이라 강을 건널 때에 물이 너를 침몰치 못할 것이며 네가 불 가운데로 행할 때에 타지도 아니할 것이요 불꽃이 너를 사르지도 못하리니 대저 나는 여호와 네 하나님이요 이스라엘의 거룩한 자요 네 구원자임이라 내가 애굽을 너의 속량물로, 구스와 스바를 너의 대신으로 주었노라 내가 너를 보배롭고 존귀하게 여기고 너를 사랑하였은즉 내가 사람들을 주어 너를 바꾸며 백성들로 네 생명을 대신하리니 두려워 말라 내가 너와 함께 하여 네 자손을 동방에서부터 오게 하며 서방에서부터 너를 모을 것이며 내가 북방에게 이르기를 놓으라 남방에게 이르기를 구류하지 말라 내 아들들을 원방에서 이끌며 내 딸들을 땅 끝에서 오게 하라 무릇 내 이름으로 일컫는 자 곧 내가 내 영광을 위하여 창조한 자를 오게 하라 그들을 내가 지었고 만들었느니라.

이 본문은 아마 구약에서 하나님이 그의 백성을 향해 하나님의 아비 노릇 해주심과 하나님의 사랑에 대하여 가장 아름답게 표현한 본문일 것입니다. 이스라엘은 하나님의 자녀이기 때문에 그들을 속량하시되 애굽을 대신 희생시켜서, 즉 구스를 대신 희생시켜서 속량하고 구속하신다는 아버지로서의 하나님의 자녀 사랑을 가장 잘 표현하는 본문입니다.

주기도문 첫마디인 '아빠'는 하나님에 대한 가장 기본적인 신뢰를 가장 잘 표현하는 말로써 이제 '아빠' 부름에 뒤따라 나오는 모든 청원들의 근본이 되는 것입니다. 하나님께 그렇게 청원할 수 있는 것은 하나님을 '아빠' 라고 부를 수 있기 때문입니다.

거룩의 원래 개념은 하나님께 속한다는 것이다

이미 언급한 것처럼, 하나님 이름을 부르고는 곧바로 유대 관행에 따라 그 이름의 주체이신 하나님의 거룩하심에 대한 천명과 찬양을 합니다. "당신의 이름이 거룩히 여김을 받으시옵소서"라고 하는 것입니다. 이것을 청원으로 봐도 나쁠 건 없습니다. 그러나 청원으로 보지 않고 유대의 기도 관행상 하나님의 이름이 불려진 뒤 하나님에 대한 찬양으로 보는 것이 가장 합당하다고 이미 앞에서 설명했습니다. 왜냐하면 그래야 하나님 나라에 대한 청원이 주기도문의 중심이 되고, 또 강조점이 바로 이 하나님 나라에 놓여지기 때문입니다. 하지만 전통적인 해석을 따라 청원이라고 보아도 물론 괜찮습니다.

그런데 하나님이란 말은 카디쉬 기도에도 "당신의 이름이 거룩히 여김을 받으시옵소서"라고 말한 것처럼 주기도문의 이 본문과 아주 흡사하게 나오는데, 이름은 그 이름을 가진 존재의 됨됨이를 표현합니다. 그래서 당신의 이름이란 말은 하나님의 하나님 되심을 나타냅니다.

하나님은 자신의 이름 가운데 자신을 계시하셨습니다(출 3:13). 그래서 하나님의 이름을 아는 것이 곧 하나님을 아는 것입니다. 하나님 이름은 하나님 자신입니다. 하나님의 이름이 거룩히 여김을 받아야 한다는 말은 하나님의 초월성이 인정되고, 하나님의 초월성을 인정하는 자들은 곧 하나님에 대한 경외심을 가져야 한다는 뜻입니다.

하나님의 초월성, 즉 '거룩'이란 말의 원래 뜻은 윤리적 개념이 아니라 물리적 개념입니다. 피조물과는 다른 초월적인 존재라는 것을 나타낼 때 '거룩'이라는 단어를 씁니다. 피조물과 다른 존재라는 그 물리적 개념에서 이차적으로 윤리적인 의미가 도출됩니다.

우리가 거룩하게 살아야 한다는 말은 첫째로 우리가 창조주 하나님께 바쳐진 존재로서 살아야 한다는 뜻입니다. 거룩한 것은 오로지 초월자에게 속한 것이기 때문입니다. 가령 성전이 거룩하다는 말은 성전이 하나님께 속한 것이라는 말입니다. 우리가 거룩해진다는 말은 우리가 하나님께 바쳐진 존재가 된다는 뜻입니다.

둘째로, 하나님께 바쳐진 존재로서 하나님의 뜻에 합당하게 살아야 한다는 뜻입니다. 여기에 이 거룩하다는 말의 두 번째 의미 즉 윤리적 의미가 부차적으로 들어오게 됩니다. 원래 '거룩하다'는 말의 첫 번째 뜻은 물리적 개념입니다. 범상의 것에서 분리되어 초월자 하나님께 바쳐진, 그래서 초월자 하나님께 속하게 되는 것을 의미합니다. 그래서 하나님이 거룩하다는 말은 하나님의 초월성과 하나님의 초월자 되심을 나타내는 것이고, 하나님의 거룩을 인정한다는 것은 하나님을 경외한다는 것을 뜻합니다.

사람에 대한 존중은 하나님 경외에서 비롯된다

이 하나님을 경외함이 생명에 대한 경외함의 근본입니다. 생명 가진 모든 존재에 대한 경외심, 즉 생명에 대한 경외심은 궁극적으로 어디서 나옵니까? 하나님에 대한 경외심과 외경심에서 나옵니다.

창세기 20장 12절을 보면 아브라함이 가나안의 도시 그랄에 갔을 때, 그 곳에 하나님에 대한 경외심이 없다는 것을 느낍니다. 생명에 대한 두려움을 느낍니다. 결국 아비멜렉이 자기를 죽일까 봐 아내 사라를 동생으로 하기로 속임수를 씁니다. 무엇을 시사합니까? 하나님에 대한 경외심이 없는 곳에는 생명에 대한 경외심이 없다는 것을 보여 줍니다.

창세기 42장 1—18절에도 그러한 예가 나옵니다. 야곱의 아들들이 요셉 앞에 가서 벌벌 떱니다. 요셉이 무엇이라 합니까? 걱정하지 말라고 합니다. 그러면서 자신이 하나님을 경외하는 자이기 때문에 그들의 생명을 보전하리라고 말합니다. 여기서 우리는 하나님에 대한 경외심은 곧 생명에 대한 경외심으로 나타나는 것을 봅니다. 거꾸로 말하면 하나님에 대한 경외심이 없는 곳에는 생명에 대한 경외심이 없고 사람을 죽이고 살리고 함부로 대하고 맙니다.

출애굽기 1장 15—21절도 마찬가지입니다. 히브리 아들들이 태어나면 다 죽이라는 명령을 산파 십브라와 부아가 왜 거역합니까? 하나님에 대한 경외심 때문이었습니다. 하나님을 두려워하기 때문에 생명을 죽일 수가 없어 갓 태어난 히브리 남자 아이들의 생명을 살리게 됩니다.

이와 같이 구약은 항상 생명에 대한 경외를 하나님에 대한 경외와 연결시킵니다. 이 점은 오늘날을 사는 우리에게 시사하는 바가 크다고 봅니다. 하나님에 대한 경외가 없음으로 인해 결국 생명에 대한 경외가 없어지고, 사람들이 서로를 함부로 대하는 것입니다. 사람들의 삶이 아주 살벌해집니다. 인본주의자들과 휴머니스트처럼 하나님에 대한 인정 없이도 우리가 서로의 인격을 존중하고 서로의 생명과 서로의 인권을 존중할 수 있지 않겠습니까? 하지만 불행하게도 그렇지 않습니다.

곰곰이 생각해 봅시다. 1970년대 미국의 지미 카터 대통령이 세계 국제 외교에 있어서 인권을 제1원칙으로 부상시키는 데 성공했습니다. 저는 이것을 위대한 기독교적 신앙의 승리라고 봅니다.

가끔 우리는 기독교 역사를 볼 때, 기독교 역사를 가졌던 서양 제국의 역사를 볼 때 도대체 기독교 신앙이라는 것이 전세계적 인간의 삶에 공헌을 했는가, 아니면 오히려 해를 가져왔는가 하는 생각을 하지 않을 수 없습니다. 가령 역사를 레닌처럼 해석한다면 기독교 선교라는 것은 순전히 제국주의 앞잡이로서 비서양 민족들을 종속화하고 노예화하는 수단으로만 사용된, 기껏해야 아편 정도라고 생각하게 됩니다.

사실, 기독교 신앙이 인간에게 구원을 가져다 주기보다는, 실패하여 큰 재앙을 가져온 예가 허다합니다. 유럽 역사에서는 기독교 신앙 때문에 벌어진 30년 전쟁이 있습니다. 지금도 유럽에 가면 30년 전쟁의 후유증과 아픔이 느껴집니다. 유럽 동요들 가운데 30년 전쟁에서 유래된 동요도 꽤 여러 곡입니다. 그런데 이것이 기독교 신앙 때문에 일어났고, 이는 독일을 황폐화하고 유럽을 엄청나게 후퇴시킨 사건이었습니다.

이런 것들을 생각하면 도대체 하나님을 경외하고 예수 그리스도를 믿는다는 것이 또는 예수 그리스도가 이미 자기를 통해서 실현되었다고 하는 하나님 나라와 하나님의 통치가 과연 오늘 우리에게 얼마만큼 샬롬(shalom)을 가져다 주는가 하는 질문을 자연스럽게 하게 됩니다. 과연 기독교가 우리 삶을 증진하고 우리의 자유를 확대하고 우리의 의를 확대하고 평화를 확대했나 하는 것에 대해 깊은 회의가 들 것입니다.

다른 한편으로 생각해 봅시다. 예를 들어, 미국은 짧은 국가의 역사 속에서 자기 민족뿐만 아니라 전세계에게 죄도 많이 짓고 죽음도 많이 가져왔고 이를 많이 확대했습니다. 그러나 에이브러햄 링컨의 노예 해방은 전세계 인권의 증진에, 자유의 확대와 정의의 확대에 얼마나 큰 역할을 했는지 잘 알고 있습니다.

이것은 미국만의 역사가 아닙니다. 미국의 28대 대통령 윌슨은 아주 훌륭한 크리스천이었습니다. 그 사람이 주창한 민족 자결주의는 에이브러햄 링컨의 노예 해방주의를 그대로 따르는 것이었습니다. 이 민족 자결주의는 18-19세기 서방 기독교 열강들의 제국주의를 종결시킨 사상이었습니다.

우리 나라의 독립 투쟁도 이 민족 자결주의의 영감을 받아 한 것입니다. 그 정신으로 아시아의 많은 나라들이 독립을 얻고 자유를 얻고 민족간에 그만큼의 정의가 확대되었습니다.

그 연장선상에 지미 카터의 인권 선언이 있었고, 인권 증진을 제일 목표로 하는 정책이 있었던 것입니다. 물론 현실 정치는 많이 다르기도 하지만, 강대국이라고 해서 작은 나라들에게 함부로 대해서는 안 된다는 것을 천명함으로써 약소 국가들로 하여금 그들의 인권을 크게 일깨운 것입니다. 그는 대통령 취임사에서 미가 6장 8절 말씀을 인용하면서 "인자야 하나님께서 네게 구하시는 것이 무엇이냐 오직 공의를 행하며 인자를 사랑하며 겸손히 네 하나님과 함께 행하는 것"이라고 말했습니다.

대통령 시절, 그는 작은 나라들을 압제하지 않는다 해서 연약한 대통령이라고 질타를 많이 받았습니다. 이란이 미국 사람을 인질로 잡고 놓아주지 않을 때 어떻게 해야 하지 몰라 쩔쩔맸다고 욕을 먹었습니다. 그러나 바로 그 기독교적 원칙, 즉 하나님에 대한 경외심과 이로 인한 이웃에 대한 존중이 결국 약자에 대한 존중과 생명에 대한 경외심으로 나타났습니다. 이 땅에 비로소 인권 운동이 일어나게 되었고, 그만큼 살맛 나게 된 것입니다.

동양에 유교 철학이 있고 불교 철학이 있지만, 어찌하여 인권 의식이 많이 발달하지 못했습니까? 그 문제에 대해서는 미국 사람에게 가르침을 받아야 합니까? 아닙니다. 미국에 인권 의식이 발달한 것은 미국 사람들이 원래부터 잘나서가 아니기 때문입니다. 그것은 기독교 신앙의 유산이며 기독교 문화의 유산이라고 볼 수 있습니다. 하여간 하나님에 대한 경외심이 있을 때 비로소 인간에 대한 바르고 진정한 경외심이 있게 됩니다.

주기도는 하나님 경외의 삶을 요구한다

방금 소개했듯이, 하나님을 '아빠'라고 부르는 동시에 '하늘에 계시는'이라고 부름으로써 친근감과 하나님의 초월성에 대한 경외심이 함께 나타난다고 말할 수 있습니다. "당신의 이름이 거룩히 여김을 받으시옵소서"라는 이 찬양의 말은 이 초월성을 다시 강조한 것입니다. 이것이 기도의 첫머리에 주어진다는 것은 하나님의 초월성에 대한 경외심이 다시 한번 강조된 것이라고 볼 수 있습니다. '하늘에 계시는'

이라는 말과 '거룩하다'는 말이 하나님의 초월성과 하나님의 하나님 되심에 대한 경외심을 재차 강조합니다. 우리가 아무리 하나님을 '아빠'라고 '친근하게' 대할 수 있다 하더라도 하나님을 '함부로' 대하거나 하나님을 경망스럽게 대해서는 안된다는 것을 보여 줍니다.

어떤 사람들은 자기가 하나님과 굉장히 친근하게 동행한다는 것을 강조하기 위해 "나는 수시로 하나님과 이야기한다"는 식으로 말하기도 하고, 하나님을 마치 옆에 있는 친구같이 대한다는 인상을 주기도 합니다. 기도 가운데서 하나님을 경망스럽게 대하는 사람들도 있습니다. 이 기도의 첫마디에서 볼 수 있듯이 하나님의 거룩함을 강조한 것은 하나님에 대한 경외심을 간직한 채 그에게 친근감을 느껴야 한다는 것을 잘 가르쳐 줍니다. 하나님에 대한 경외심이 없는 친근감은 하나님의 이름을 경망스럽게 하기 때문에 옳지 않음을 보여 줍니다.

하나님에 대한 경외심이 떨어지면 인간은 어떻게 됩니까? 바울은 로마서 1장 18-32절에서 이에 대해 잘 설명합니다. 하나님께 대한 경외심이 떨어지면 인간은 하나님께 영광 돌리기를 거부하고, 스스로 우상 숭배의 어리석음에 빠지게 된다고 말합니다. 이것이 바로 인간의 근본 문제라고 바울은 말합니다. 이 세상의 모든 죄악과 혼돈이 결국 인간이 하나님께 영광을 돌리지 않고, 하나님을 창조주로 경외하지 않고, 자신을 우상화한 끝에 피조물을 우상화하는 데서 기인한다고 합니다.

오늘날 이 세상이 이렇게 혼란스럽고 죄악이 관영하고 인간의 인권과 생명이 경시되는 것이 결국 초월자 하나님에 대한 경외함, 하나님에 대한 두려움이 없는 결과가 아니고 무엇입니까? 예수 그리스도의 하나님 나라의 복음을 받은 우리가 가장 힘써야 할 것이 첫째로 하나님의 하나님 되심 인정 즉 경외함이며, 하나님께 영광 돌리는 것입니다. 그것을 인생의 목표로 삼아야 합니다. 이것이 주께서 가르쳐 주신 기도의 첫마디가 우리에게 제시하고 요구하는 것입니다.

하나님 나라를 구하라

다음으로, "당신의 나라가 임하게 하소서"를 살펴보겠습니다. 이미 밝힌 것처럼 이것이 주기도문의 가장 주된 청원입니다. "하나님의 나라가 임하게 하소서" 즉 "오게 하소서. 당신의 통치가 오소서"라는 것입니다. 이 점에 대하여 먼저 유대 기도와 예수의 기도를 비교해 생각해 보겠습니다.

18번 축복 기도의 10-14절을 보면 이 기도를 드린 유대인들이 당시 하나님 나라를 어떻게 생각했는지 짐작할 수 있습니다. 10절에는 "우리 민족의 해방을 가지고 오시고 선포하시고 깃발을 들어 디아스포라를 모으소서"라고 되어 있습니다. 일단 유대 민족을 로마 제국의 노예 상태에서 해방하시고 이방에 흩어져 사는 유대 민족을 회복하시기를 기도하고 있습니다.

다음 11절을 보면 "우리의 심판관들을 예전과 같이 회복시키시고 우리의 지혜자들을 처음과 같이 회복시켜 주소서"라고 되어 있습니다. 과거 유대 역사의 황금기의 회복과 유대의 공의로운 심판 시스템을 회복하고 지혜로운 현군의 통치가 있게 하는 것 등을 가리킵니다.

12-13절을 보면 순수한 믿음의 공동체가 유지되는 것, 이단자들에 의해 섞이거나 부정해지는 것이 아니고 아주 의로운 하나님 나라

의 백성의 공동체로 지탱되는 것 등과 같은 것을 말하고 있습니다. 14 절에는 이스라엘 백성을 회복하시고 예루살렘과 시온에 하나님이 거하시고, 특히 다윗 왕조를 재건하시고 다윗 왕조에 자비를 베푸시는 것 등이 언급되어 있습니다. 즉 예수 당시 유대인들은 18번 축복 기도에서 기도하는 이런 내용들을 하나님의 통치의 구체적 현시라고 보았음을 알 수 있습니다. 이것은 이스라엘의 회복을 하나님의 통치라고 보고 있다는 것을 의미합니다.

예수 당시 유대적 맥락으로만 보는 것의 한계

그러므로 최근에 이른바 '역사적 예수의 제3 탐구' 운동을 한다는 사람들은, 당시 유대교의 맥락에서 본다면 예수의 하나님 나라 선포를 통해 예수가 의도한 것은 이스라엘의 회복이라고 봐야 한다고 주장합니다. 그래서 역사적 예수의 제3 탐구의 시발점을 제공했다고 보는 에드워드 샌더스(E. P. Sanders)의 「예수와 유대교(*Jesus and Judaism*)」란 책 이래로 많은 학자들은 예수의 하나님 나라 운동을 이스라엘의 회복의 관점에서 봐야 한다고 합니다. 그것이 소위 역사적 예수의 제3 탐구의 가장 큰 특징입니다.

역사적 예수의 제3 탐구 운동에서 지금 가장 논란을 많이 제공하는 사람은 토마스 라이트(Nicolas Thomas Wright)일 것입니다. 캐나다 출신으로 옥스퍼드에서 가르치다가 지금은 영국의 어느 큰 교회에서 우리 나라로 말하자면 협동 목사로 사역하면서 아주 중요한 책들을 많이 쓰는 사람입니다. 그가 쓴 *Jesus, the Victory of God*이라는 책은 역사적 예수의 제3 탐구에서 가장 크게 논의되는 것으로, 바로 이런 관점을 가지고 예수의 하나님 나라 운동을 당시 1세기의 유대교적 맥락에서 철저히 해석하는 새로운 시도를 했습니다. 그가 말하는 예수의 하나님 나라 운동에 대해서 여기서 소개할 텐데, 이와 대조해서 제가 이해하는 예수의 하나님 나라 복음을 소개하기 위함입니다.

이 토마스 라이트에 따르면, 예수 당시의 유대인들은 자신들의 바벨론 포로 생활이 아직 끝나지 않은 것으로 보았습니다. 자기들이 지금 계속해서 로마라는 외세의 압제 가운데 있다는 현실은 자신들의 바벨론 포로 상태가 아직 끝나지 않았다는 것을 의미하며, 진정한 의미에서 성지로의 귀환이 아직 이루어지지 않았다고 봤다는 것입니다. 이사야 40−66장까지를 통해 선포된 복음 곧 이스라엘의 회복, 다시 말해 유다의 바벨론으로부터의 해방과 성지로의 회복이 아직 일어나지 않았다고 보았다는 것입니다. 그런 상태에서 하나님 나라라는 말은 유대인들에게 무슨 뜻을 지니느냐 하면 바벨론의 포로 상태가 드디어 종식되고 동시에 재건되는 다윗 왕조 하에서 이스라엘이 회복되는 것을 의미했다는 것입니다.

이 이사야서 40−66장의 약속을 중심으로 하는 하나님의 해방과 구원의 약속, 이스라엘의 회복의 약속을 성취하기 위해 당시 유대인들은 열혈당을 중심으로 무력 혁명을 통해 로마 제국을 몰아내고 이스라엘을 회복시키려고 했다는 것입니다. 그런데 예수도 유대인들과 똑같이 당시 이스라엘의 바벨론으로부터의 귀환은 아직 이루어지지 않았다고 보았다는 것입니다. 그래서 예수도 당시 하나님 나라를 선포할 때, 비록 구약과 유대교의 종말론적 언어로 되어 있지만 그것은 바벨론 포로 상태로부터 이스라엘의 회복을 의미 있게 말하고자 하는

89

그림 언어들이었을 뿐이지, 실제로 이 세상 혹은 이 역사의 종말을 말하는 것은 아니었다는 것입니다. 이스라엘의 회복을 말하는 것이었다는 것입니다.

더 나아가 니콜라스 토마스 라이트는 탕자의 비유를 예수의 하나님 나라 선포의 패러다임으로 봅니다. 그는 여기서 탕자를 유다로 보았습니다. 그래서 탕자가 아버지를 떠나 멀리 간 상태를 유다가 바벨론의 포로 된 상태로 보았습니다. 그렇기 때문에 예수가 하나님 나라를 선포함으로써 탕자가 아버지께로 돌아오게 하려고 했다는 것입니다. 따라서 예수의 하나님 나라 운동은 이스라엘의 회복 즉 바벨론으로부터의 진정한 회복을 도모하는 것이라고 보았습니다. 이 점에서는 예수의 하나님 나라 운동도 당시 유대인들의 운동과 똑같다는 것입니다.

다만 그 방법에 있어서 예수는 하나님이 이스라엘 백성들에게 주신 사명을 그들이 행함으로써, 즉 그들이 하나님께 대한 전적인 헌신을 통해 이방인들의 빛 노릇을 함으로써 이스라엘이 회복된다고 보았다는 것입니다. 예수의 의도는 이런 것인 데 비해 당시 이스라엘은 특히 열혈당을 중심으로 이방인들을 원수 삼아서, 다시 말하면 유대 민족주의를 굉장히 강화시켜 가지고 이스라엘을 회복하려고 했다는 것입니다. 예수는 바로 이것을 당시 유대 민족의 근본적인 죄악으로 보았다는 것입니다. 그래서 예수는 당시 유대 민족주의에 대항해 이스라엘이 하나님께 헌신된 이방의 빛 노릇 하도록 불렀고, 그것이 예수의 하나님 나라의 선포가 의미하는 바였다는 게 토마스 라이트의 주장입니다.

이스라엘이 끝까지 민족주의 의식으로 뭉쳐 이방인들에 대하여 배타적인 자세로 나가려는 그것이 곧 하나님의 뜻을 거스르는 것이며,

그렇게 되면 하나님의 심판이 있게 된다는 것입니다. 성전이 파괴되고 민족으로서는 끝이 난다고 예수께서 경고했다는 것입니다. 그런데 드디어 주후 60년과 70년에 유대인들이 예수의 말을 듣지 않고 민족주의적 혁명을 꾀하고 로마에 대항하여 전쟁을 일으킴으로써 예수의 예언대로 로마인들이 성전을 파괴하고 유대 민족이 거기서 끝났다는 것입니다.

반면 예수의 하나님 나라 선포를 들은 사람들은 새 하나님의 백성으로 모아져서, 이들에게 하나님이 오시고 이들 가운데 하나님이 거하심으로써 그들이 새로운 성전이 되고, 결국 이들에게 드디어 바벨론의 포로 상태로부터의 해방, 진정한 이스라엘의 회복이 이루어졌다는 것입니다.

지금까지 토마스 라이트의 책을 간단하게 요약해 보았습니다. 그의 생각이 얼마나 설득력 있어 보입니까? 라이트가 출발점으로 삼은 것은 예수를 철저하게 당시 유대교의 맥락에서 보아야 한다는 것입니다. 유대교 사람들이 하나님 나라, 하나님 통치라고 할 때 상상한 것은 이스라엘의 회복이었습니다. 18번 축복 기도에서처럼, 하나님은 그의 백성들을 해방시키시고 다윗의 왕조를 재건하시고 예루살렘을 다시 구축하시리라, 헬라 세계에 흩어져 사는 디아스포라를 회복시키시리라 등과 같은 것이 당시 유대인들의 염원이었습니다. 그러므로 예수의 하나님 나라 언어도 철저하게 그와 같은 맥락에서 이해해야 한다는 것입니다. 그것이 역사적 예수의 제3 탐구의 가장 두드러진 특징입니다.

많은 보수 복음주의자들이 라이트의 예수의 하나님 나라 해석에 처음엔 굉장히 호감을 가졌습니다. 이런 관점에서 예수의 가르침과 말

쓸, 행적을 해석하다 보면 공관복음에 쓰여진 예수의 말들을 전부 예수의 진짜 말로 인정할 수 있기 때문이었습니다. 지금까지 보수 복음주의자들이 무엇에 지쳤습니까? 이른바 역사적 예수의 제2 탐구 운동으로 불리는 불트만과 그의 제자들의 역사 회의주의가 아닙니까? 그들은 예수 전승의 거의 대부분을 교회가 지어낸 것으로 보았습니다.

보수 복음주의자들은, 양식사 비평이나 편집 비평을 통해 복음서를 바라봄으로써 예수의 말씀이나 행적들을 대부분 교회가 자신들의 설교로 지어 낸 것으로 생각한 역사적 예수의 제2 탐구에 대해 지쳐 있었습니다. 그 제2 탐구의 연장선상에서 지금도 아주 극단적 연구를 하는 학자들이 있습니다. 도미니 크로산(J. D. Crossan) 등 여러 명이 있습니다. 그 중에 가장 유명한 것이 소위 "예수 세미나"라고 하는 것입니다.

캘리포니아에 사는 로버트 펑크(R. W. Funk)라는 사람은 일단의 과격파 학자들과 일부 언론 매체에 종사하는 사람, 영화 감독 등과 함께 그룹을 형성하였습니다. 그들은 공관복음에 나타난 예수의 말들 가운데 소위 Q 자료에 해당하는 말들을 중심으로 그 말이 역사적 예수의 말이라고 믿으면 검은 구슬을 내고, 역사적 예수의 말이 아니라면 하얀 구슬을 내고, 역사적 예수의 말일 수도 있고 아닐 수도 있다고 생각하면 붉은 구슬을 내는 식으로 투표를 했습니다. 그리고는 겨우, 그것도 Q 자료 중 몇 마디만 예수의 말이라며, 자기들이 이른바 진짜 예수의 복음을 회복했다고 주장합니다.

그들은 이것을 이른바 '제5 복음서'라고 말합니다. 이들이 결정한 제5 복음서에 의하면, 예수는 메시아는 고사하고 기껏해야 일개 선지자도 아닌 인물입니다. 기껏해야 지혜의 선생이든지, 도미니 크로산에 의하면 당시 지중해 세계의 냉소주의 철학자와 비슷한 시골 농부 철학자 정도일 뿐입니다. 우리 보수 복음주의자들은 지금까지 과거 불트만 제자들과 그들의 연장선상에 있는 이 과격과 학자들의 복음서 비평과 역사적 예수에 대한 비평으로 너무 많이 시달려 왔습니다.

이에 반해, 역사적 예수의 제3 탐구를 하는 사람들은 예수를 당시 유대교의 맥락 속에서 보기 때문에 복음서의 상당 부분을 역사적 신빙성이 있는 것으로 많이 인정을 합니다. 라이트가 대표적인 인물입니다. 그래서 그의 글을 읽으면, 공관복음에 있는 모든 말들을 역사적 예수의 진짜 말씀이요 진짜 행적으로 인정하는 것을 느낄 수 있습니다. 때문에 복음주의자들이 이 라이트의 책에 굉장한 호감을 가졌습니다. 복음주의자들의 저널인 「크리스처니티 투데이(Christianity Today)」에도 소개되었습니다.

하나님 나라의 전제는 부활이다

문제는 라이트가 그렇게 함으로써 지불한 대가가 너무 크다는 것입니다. 만약 예수의 하나님 나라 운동이 철저하게 당시 유대교 맥락에서만 해석되어, 기껏해야 유대 민족주의에 대항해 싸우면서 이스라엘을 하나님께 헌신되고 이방인들에게 좀 친절한 빛 노릇 하는 유대 공동체 정도로 회복하는 것이었다면, 우리의 전통 신앙 고백과 사도들의 신앙 고백은 역사적 예수와 연결점이 없게 되기 때문입니다.

따라서 이 역사적 예수의 제3 탐구 운동이 주장하는 것처럼, 당시 유대교의 맥락에서 예수를 봐야 한다는 대전제와 그럼으로써 예수도 기껏해야 민족주의를 배제하는 유대 공동체를 재건하려고 했다는 것이 합당하느냐의 문제를 우리는 회의하지 않을 수 없습니다. 만약 이들의 주장을 따른다면 예수의 하나님 나라 선포에서 초월성이 제거되는 것입니다.

마태복음 8장 11–12절에 보면 예수께서 하나님 나라를 무엇이라고 선포합니까? 그때 동과 서에서 사람들이 와서 아브라함과 이삭과 야곱과 모든 선지자들과 함께 식탁에 앉아 잔치를 베풀 것이라고 기록되어 있습니다. 다시 말하면 예수의 하나님 나라 선포에는 부활이 전제되어 있습니다. 다시 말하면 초월성이 전제됩니다.

그런데 역사적 예수의 제3 탐구를 주도하는 사람들은 부활이나 인자의 재림을, 이른바 묵시 문학적 언어를 전부 당시의 유대교 상황 속에서 정치적 언어로만 재해석합니다. 따라서 예수의 하나님 나라 운동에서 초월성이 사라지고 묵시성이 무시되어 버렸습니다. 더 나아가 바울 사도가 대표하는 초대 교회의 사도적 케리그마와 연결이 안됩니다. 그러므로 결국 이런 식의 이해도 옳지 않음을 알 수 있습니다. 그러면 우리는 예수와 하나님 나라 운동을 어떻게 이해해야 합니까?

우리가 예수의 하나님 나라 선포를 당시 유대교의 맥락에서 해석해야 한다는 것은 사실입니다. 하지만 예수가 하나님 나라를 당시 유대인들이 생각한 만큼만 이해하고 있었다고 전제할 필요는 없습니다. 예수가 유대교의 맥락을 재해석했을 가능성을 열어 둘 수 없느냐 하는 것입니다. 예수가 민족주의만을 배격하는 정도로만 재해석한 것이 아니라 초월성과 보편성을 포함하는 식으로 재해석했을 가능성도 있다는 것입니다. 이 점을 염두에 두고 저는 예수의 하나님 나라 가르침을 재해석했습니다.

앞으로 더 살펴보겠지만, 토마스 라이트는 예수의 탕자 비유를 하나님 나라의 비유로 본다는 점에서 저와 생각이 같습니다. 하지만 그는 탕자를 바벨론의 포로로 간 유다로 보는데, 저는 탕자를 아담으로 봅니다. 예수는 탕자 비유를 통해 사실은 아담 이야기를 한 것입니다. 아담은 누구입니까? 바로 여러분과 저입니다. 탕자 비유는 바벨론으로 간 유다가 어떻게 다시 회복되느냐 하는 문제를 말하는 것이 아니라, 창조주 하나님으로부터 분리된 우리 인간이 어떻게 다시 창조주 하나님께로 회복되느냐 하는 것을 가리킵니다.

다음 장에서는 예수의 하나님 나라 운동이 참으로 추구하는 것이 무엇이냐 하는 문제를 토론하려고 합니다. 이 설명을 드리는 것은 두 가지 이유에서입니다. 첫째는 전세계적으로 역사적 예수 연구가 이렇게 진행되고 있다는 것을 소개하기 위함입니다. 그리고 또 다른 이유로는 토마스 라이트의 신학을 조심했으면 하는 바람 때문입니다. 그의 신학은 너무 많은 대가를 치르고 있다고 할 수 있습니다. 그에 대항해 예수의 하나님 나라 복음은 훨씬 더 깊이 해석해야 한다는 것을 다음 장에서 자세히 공부해 보려 합니다.

3

주기도문 강해

하나님 나라의 도래

먼저, 간단히 1장과 2장의 내용을 요약하고자 합니다. 우리는 주께서 가르쳐 주신 기도에 대한 서론격으로 주기도문이 몇 개의 청원들로 되어 있고 강조점이 어디에 있는지를 살폈습니다. 간단히 말하면, 마태복음에 있는 제3 청원 "당신의 뜻이 이루어지이다"는 누가판에 없는 것으로 마태가 덧붙였다고 볼 수 있습니다. 마태복음 7장 21절에서 하나님 나라에 들어감과 하나님의 뜻을 행함과 동일시되는 것을 볼 때, 마태가 주기도문의 제2 청원인 "당신의 나라가 임하게 하소서"에 이어 하나님 나라에 대한 청원을 부연 설명하기 위해 제3 청원 "당신의 뜻이 하늘에서와 같이 땅에서도 이루어지게 하소서"를 덧붙인 것임을 알 수 있습니다.

마태와 누가에 공통으로 나오는 첫 번째 청원에서 하나님을 '아빠'라고 부른 뒤 "당신의 이름이 거룩히 여김을 받으시옵소서"라는 것은 유대 기도의 관행상 청원이라기보다는 찬양 쪽에 더 가깝다고 했습니다. 물론 청원의 뜻도 전혀 없지는 않을 것입니다.

주기도문의 이중 구조

한편 마태복음 산상수훈의 구조를 보면, 마태복음 6장 32절 전반부인 먹을 것과 입을 것을 구하는 것은 이방인들이 구하는 것이라고 말합니다. 그것이 마태복음 주기도문의 서문에 해당하는 6장 7절에 이방인처럼 중언부언 기도하지 말라는 말과 인클루지오를 이룹니다. 또 6장 32절 후반부 "너희 하나님 아버지께서 너희들이 필요한 것들을 다 아신다"는 말은 8절과 인클루지오를 이루면서 이방인들에 비해 옳게 기도하는 우리 하나님의 백성이 기도에 앞서 또 하나 전제해야 하는 것이 무엇인지를 보여 줍니다. 즉 너희 하나님께서 다 아신다는 것입니다. 그렇기 때문에 6장 7절과 8절이 주기도문의 서문이라면, 6장 32절은 33절의 서문이라고 할 수 있습니다. 하나님 나라와 그의 의를 먼저 구하면 나머지 모든 것들이 덧붙여진다는 33절 말씀은 결국 주기도문의 요약이라고 볼 수 있습니다.

그렇다면 주기도문은 크게 두 부분, 즉 하나님 나라에 대한 청원과 나머지 이 모든 청원들로 구성되어 있습니다. 그래서 6장 33절 전반부인 "먼저 그의 나라와 그의 의를 구하라"는 6장 10절의 "하나님 나라가 임하게 하소서"라는 기도의 요약이고, 6장 33절은 후반부 "그러면 이 모든 것들이 덧붙여지리라"는 것은 주기도문의 "우리에게 양식을 주시옵소서" "우리의 죄를 사하여 주시옵소서" "우리를 시험에 들지 않게 하시옵소서"라는 세 개의 우리 청원들이라고 볼 수도 있습니다.

따라서 이 모든 것들은 하나님 나라가 오면 다 해결되는 양식, 죄 용서, 사탄의 시험으로부터의 보호 등을 요약한다고 볼 수도 있습니다. 또는 33절 하반절이 말하는 '이런 것들'은 어쩌면 33절의 맥락에서는 먹는 것과 입는 것을 의미하므로 주기도문의 양식의 청원만을 받는다고 말할 수도 있습니다. 그렇다면 죄 용서와 사탄으로부터의 보호는 하나님의 의에 포함된다고 봐야 할 것입니다.

또 하나 우리가 관찰한 것은 마태판과 누가판 모두 "당신의 나라가 임하게 하소서"라는 중심 청원 다음에 나오는 세 개의 우리 청원들 사이에 접속사(καί)가 나오는데, 이것으로 미루어 보아 주기도문의 구조가 크게 두 부분임을 암시받을 수 있다고 했습니다. 그 첫째는 하나님 나라에 대한 청원으로서 이것이 가장 중요한 청원이고, 그 다음은 하나님 나라가 이루어짐으로 우리에게 이루어지는 일용할 양식, 죄 용서, 사탄의 시험으로부터의 보호 이런 것들이라고 했습니다.

그러므로 주기도문의 요체는 하나님 나라의 옴에 대한 청원에 있다는 것을 알 수 있습니다. 그것이 바로 6장 33절이 말하는 "먼저 하나님의 나라를 구하라"는 것과 같이 가는 것입니다. 그러므로 주기도문은 예수의 하나님 나라 선포의 관점에서 해석해야 할 것입니다.

주기도문은 간략함을 특징으로 한다

앞서 우리는 유대교의 대표적 기도인 카디쉬와 18번 축복 기도와 예수님이 가르쳐 주신 기도를 비교했습니다.

가장 눈에 띤 것은 유대 기도, 특히 18번 축복 기도는 굉장히 복잡하고 중언부언하는 기도라는 점입니다. 이에 비해 주기도문은, 특히 예수의 주기도문이 원래는 네 마디 청원으로 되어 있다면 너무나 간결한 기도라는 것을 생각했습니다.

둘째로 유대 기도들은 3인칭으로 되어 있지만, 예수의 기도는 하나님에 대한 아주 가까운 친근감을 나타내는 2인칭 표현 즉 '당신' 표현을 쓰고 있음을 확인했습니다. 더욱이 예수의 기도는 유대인들이 기

도에 사용하지 않던 '아빠'라는 용어로 시작함으로써 친근감을 나타
냅니다.

셋째로, 18번 축복 기도는 4번부터 9번까지 기도는 일상에 필요들
을 구하고, 10번부터 16번까지가 종말론적 청원입니다. 일상의 것을
먼저 구하고 나중에 종말론적인 소망을 나타냅니다.

이에 비해 예수의 기도는 거꾸로 되어 있습니다. '아빠'라는 용어로
시작하여 하나님 나라의 옴에 초점을 맞춘 종말론적 오리엔테이션을
가진 기도입니다. 하나님 나라의 청원이 중심이고, 하나님 나라의 옴
과 그와 동시에 우리에게 주어질 일상의 필요들에 대한 기원이 이어
집니다. 18번 축복 기도는 잡다한 요청을 하지만, 예수의 기도는 우리
인간의 가장 기본적인 필요만 구합니다. 하나님 나라의 오심, 우리의
양식, 우리가 하나님과 올바른 관계를 나타내는 죄 용서, 우리와 이웃
과의 올바른 관계, 사탄의 유혹으로부터의 보호를 청원하는 것처럼
예수의 기도가 유대의 기도와는 매우 대조적인 모습을 보여 줍니다.

하나님 되심을 고백하면서 기도하자

그 다음 우리는 주기도문의 첫 절을 보기 시작했습니다. 우선 하나
님을 '아빠'라고 부르는 것의 의미를 생각했는데, 이것은 그 누구도
나타낼 수 없는 하나님에 대한 친근감을 나타내는 것으로, 그가 하나
님의 아들 됨을 나타내면서 동시에 그가 새롭게 하나님 나라의 운동
을 통해 불러모아 하나님 나라 백성 되게 하는 메시아임을 드러내는
것입니다. 즉 그가 가르친 기도를 하는 사람들에게 예수는 하나님의

자녀 되게 하고 하나님을 그와 마찬가지로 아주 친근하게 '아빠'라고 하게 할 것임을 보여 줍니다. 그래서 주기도는 그 첫마디인 '아빠'에 전체가 담겨 있다고 볼 수 있습니다.

그런데 마태는 '아빠' 친근 언어 즉 하나님의 언어가 경망스러운 태도로 전환되지 않도록 하기 위해 '하늘에 계시는 이'라는 말씀을 덧붙였습니다. 그래서 하나님의 초월성과 친근하심을 같이 표현했습니다. 우리에게 오셔서 은혜를 베푸시고 자비를 베푸시는 친근한 아버지이지만, 동시에 하늘에 계시는 초월하신 분으로 항상 하나님에 대한 경외심을 가지고 나가야 함을 강조합니다. 초월하셔서 경외를 받으셔야 하는 그 하나님이 우리의 '아빠'라는 데 더 큰 의미가 있습니다.

하나님이 우리가 날마다 아무렇게나 대하는 우리의 친구쯤 되어 버리면 더 이상 우리의 기도의 대상이 될 수 없을 것입니다. 우리의 생명과 안전과 행복의 근본 문제를 해결하는 초월자이시기에 그분에게 기도함으로 나아갈 수 있습니다. 그 초월자는 저 하늘 위에 혼자 고고히 앉아 계시면서 우리를 신경도 쓰지 않는 분이 아니라, 우리에게 '아빠'라고 부르기를 허락하셔서 그분을 '아빠' 부르며 달려갈 수 있는 분이십니다. 하나님을 대함에 있어 따라서 우리는 초월과 친근감, 거리감과 친근감이 적절한 균형을 이루어야 합니다.

그러므로 보통 전통적인 해석에서 첫 번째 청원이라고 보는 "당신의 이름이 거룩히 여김을 받으시옵소서"는 '하늘에 계시는'을 부연한다고도 볼 수 있습니다. 그래서 청원이기보다는 도리어 찬양에 가깝고 하나님에 대한 신앙 고백에 가깝습니다. 하나님은 거룩한 분이시다, 하나님은 초월자이시라는 고백입니다. 그 하나님이 하나님으로 인정될 때 온 세상에 의가 있고, 평화가 있고, 무엇보다도 인명에 대한 존중이 있다는 것을 생각해 보았습니다.

우리는 그 실례를 성경과 우리 역사 속에서 들었습니다. 특히 하나님에 대한 경외가 없는 곳에 바울이 로마서 1장 18절에서 말하는 것처럼 자신의 우상화가 일어납니다. 이는 곧 피조물에 대한 우상화로 이어져 가치 전도와 윤리의 타락, 인명에 대한 경시가 일어나고 혼돈과 암흑과 살벌한 사회로 타락합니다.

그러므로 주기도문을 기도하는 사람들은 이 하나님에 대한 경외심과 그 경외의 대상인 하나님이 우리의 아빠임을 늘 생각하면서 우리의 신앙을 고백해야 합니다. 덧붙여 하나님을 경외하는 것이 온 땅에 이루어지기를 기도하는 사람들임을 기억해야 합니다.

주기도의 중심은 하나님 나라의 도래이다

이어서 우리는 주기도문의 중심 청원, 가장 중요한 청원인 하나님 나라의 도래에 대한 청원을 보기 시작했습니다. 예수는 '하나님 나라' 라는 언어를 사용했습니다. 그런데 구약과 유대교 전통에서 '하나님 나라' 라는 용어는 아주 드물게 나타납니다. 구약 성경에는 한 번도 나오지 않습니다.

하나님께서 창조주로서 왕이시다, 하나님이 다스리신다, 야훼가 다스리신다 등 '왕' 이라는 명사와 '다스린다' 는 동사가 구약에 여러 번 나오고, 특히 하나님이 이스라엘을 그의 백성 삼으셨다는 것은 언약 신학의 표현으로 구약의 중심 사상입니다. 하나님의 왕 되심과 하나님이 세상을 다스리시고 이스라엘을 다스리신다는 동사는 여러 번 나옵니다. 따라서 예수께서 선포한 하나님 나라가 표현하고자 하는 의미는 물론 구약의 중심 사상이라고 할 수 있습니다. 그럼에도 불구하고 '하나님 나라'라는 고정된 숙어로는 나오지 않습니다.

구약의 후기 전통, 특히 다니엘서 2장과 7장에 보면 하나님이 그의 왕권과 통치권을 한 사람의 아들 같은 이에게 위임한다는 말이 나옵니다. 여기에 하나님의 통치권 왕권 즉 말쿳(מלכות)이라는 단어가 나옵니다. 때문에 구약에도 '하나님 나라'라는 말이 나온다고 보는 것도 완전히 틀린 것은 아니지만, 정형화된 문구로는 거의 나오지 않고 유대교에도 잘 나오지 않습니다.

그러나 예수는 '하나님 나라'라는 말을 그의 메시지의 중심으로 삼았습니다. 예수의 이 '하나님의 나라'라는 말과 시간적으로나 내용적으로 가장 근접한 것이 유대 회당의 기도였던 카디쉬 기도입니다. 이 기도는 3인칭으로 되어 있습니다. 예수의 하나님 나라와 가장 근접하다고 할 수 있는 한 부분을 소개합니다.

"그분이 자신의 나라 / 다스리심이 다스리게 하시길 너희들의 생애에 그리고 너희들의 날들에 그리고 이스라엘 집안 전체의 생애에, 신속히 그리고 조만간."

하나님 나라 선포는 아담의 타락을 전제한다

그런데 예수께서 '하나님 나라'라는 말을 썼을 때 당시 유대인들은 무슨 생각을 했을까요? 예수의 '하나님 나라' 언어는 사실 어느 한 가지 뜻을 나타내는 고착된 스테노 심벌(steno symbol)이 아닙니다. 스테노 심벌이란 교통 표지판 같은 것을 말하는데, 한 심벌이 한 가지 뜻만 가리키는 것을 말합니다. 빨간 신호등은 정지라는 뜻 하나뿐입니다.

하나님 나라는 그런 스테노 심벌이 아니라 여러 가지를 동시에 함축하는 텐시브 심벌(tensive symbol)입니다. 이것을 처음으로 말한 사람은 노만 페린이라는 학자인데, 철학자들의 언어를 신학에 적용해서 예수의 하나님 나라는 텐시브 심벌이라고 했습니다. 이것은 구약과 유대교의 풍부한 배경 속에서 한꺼번에 여러 가지를 연상하게 하는 심벌입니다.

그러므로 '하나님 나라' 할 때 연상되는 것에는 창조주가 온 세상을 창조하셔서 다스리신다고 생각하게 하는 것이고, 아담이 하나님의 형상으로 지음 받아(이 말이 뜻하는 첫 번째 뜻은 하나님의 대리자가 된다는 뜻 즉 부왕이 되었다는 말) 하늘에 계신 하나님이 땅 위에 아담을 자기의 부왕으로 삼으셔서 땅을 통치하시겠다는 것도 포함됩니다. 그래서 아담을 생각하게 하고, 아담이 잃어버린 통치권도 생각하게 합니다. 또한 하나님은 왕이시고 이스라엘은 그의 백성이라는 언약 관계도 생각하게 합니다.

하나님은 다윗 왕가를 자신의 대리자로 세우셨습니다. 사무엘하 7장 12-14절에 기록된 다윗 왕조를 세우는 이른바 나단의 신탁에 보면, 하나님이 다윗의 씨인 다윗의 아들을 다윗의 왕위에 앉혀 자기 백성 이스라엘을 자기 대신 통치하게 하는 자로 세우겠다는 말씀이 있습니다. 그런 의미로 다윗의 아들을 '나의 아들'로 선언합니다. 그래서 이른바 등극 시와 제왕 시에 다윗의 아들이 하나님의 왕위에 오를 때 '너는 나의 아들' 이라고 선언됩니다.

'아들' 이라는 말의 기본 의미는 상속자로서, 하나님의 대권을 위임 받아 대권을 행하는 자라는 뜻을 함축합니다. 그러므로 예수의 '하나 님 나라' 라는 말은 다윗 언약과 다윗 왕조를 연상하게 합니다. 출애굽 의 구원 또는 바벨론의 포로 상태로부터의 구원 등등의 하나님의 역 사, 즉 그의 백성에게 하나님 노릇 해주시겠다는 언약을 지키셔서 그 들을 구원하신 구원의 역사도 생각하게 합니다. 종말에 사탄의 통치 를 박멸하고 우리에게 의와 생명의 통치로 구원을 주시리라는 것도 생각하게 합니다. 이처럼 하나님 나라는 텐시브 심벌입니다.

우리의 문제는 정치적 독립이 아니다

예수께서는 이런 의미로 '하나님 나라' 라는 언어를 썼는데, 주께서 가르쳐 주신 기도를 따라 예수의 첫 제자들이던 유대인들이 "당신의 나라가 임하게 하소서"라고 기도할 때 그들은 '하나님 나라' 를 무엇 으로 생각했겠습니까?

카디쉬 기도에 보면, "그분이 자신의 나라 / 다스리심이 다스리게 하시길 너희들의 생애에 그리고 너희들의 날들에 그리고 이스라엘 집 안 전체의 생애에, 신속히 그리고 조만간"이라는 부분이 나옵니다. 이 런 예들을 보면, 유대인들은 하나님의 나라를 이스라엘의 회복으로 많이 생각하는 것 같습니다.

18번 축복 기도에 이런 것이 많이 나타납니다. 특히 10-16번까지 를 보면 제일 먼저 이스라엘의 해방, 로마 제국의 압제로부터의 해방,

흩어진 디아스포라 유대인들의 하나님이 주신 땅에로의 복귀와 회복 등을 기도합니다.

11번에는 이스라엘의 심판관들이 이상적인 공의로운 심판 제도의 회복, 12-13번에는 이스라엘이 이방인 압제와 배교자와 배신자들이 제거되고 이방인들간에 진정으로 개종한 개종자들이 덧붙여져 하나님의 의로운 백성의 공동체로서 회복되기를, 14번에는 이스라엘에게 주신 하나님의 여러 제도들과 예루살렘과 시온과 다윗 왕권 등이 회복되기를 기도합니다.

이런 맥락에서 볼 때, 이를 위해 늘 기도해 오던 사람들에게 예수께서 하나님 나라와 하나님의 통치가 오게 해달라고 기도하라고 가르쳤을 때 그들이 제일 먼저 생각하는 것들은 아마 이스라엘의 회복이나 다윗 왕조의 회복 또는 이스라엘의 로마 통치로부터의 해방 정도였을 듯싶습니다.

앞에서 좀 살펴보았던 것처럼, 최근 역사적 예수의 제3 탐구를 한다는 사람들은 주로 당시 유대교의 맥락에서 당시 예수의 하나님 나라 메시지와 하나님 나라 운동을 해석하려는 것을 특징으로 하고 있습니다. 이스라엘의 회복이라는 관점에 맞춰 예수의 하나님 나라 메시지를 해석하고 그의 하나님 나라 운동을 이해하려고 합니다. 그들 중 가장 창조적이고 논점을 많이 제공하는 토마스 라이트를 앞 장에서 이미 소개한 바 있습니다. 철저하게 당시 유대교 맥락에서, 즉 이스라엘의 회복이라는 관점에서 예수의 하나님 나라 운동을 이해하려고 한다는 것을 살펴보았습니다.

토마스 라이트는 탕자의 비유를 예수의 하나님 나라의 패러다임 비유로 보기는 하지만, 탕자를 이스라엘로 보고 탕자의 상태, 곧 아버지로부터 멀리 떠나 있는 상태를 이스라엘의 바벨론 포로 상태로 본다고 했습니다. 예수는 이스라엘이 아직도 바벨론 포로 상태에 있는 것으로 보았다는 것입니다. 왜냐하면 당시 유대교는 유대인들이 아직도 로마 제국이라는 외세 밑에 시달리는 현실을 바벨론의 포로 상태에 있는 것으로 보았기 때문입니다. 그래서 진정한 이스라엘의 귀환, 해방, 회복은 아직도 일어나지 않았다고 보았다는 것입니다.

유대 묵시 문학이 땅이 꺼지고 하늘이 무너진다는 엄청난 그림 언어들을 동원하지만 어디까지나 이스라엘의 바벨론으로부터의 귀환을 말하기 위함이지, 우주적 사건이나 창조주의 엄청난 구원의 사건 또는 실제로 하늘이 무너지고 땅이 꺼지는 것을 말하려는 것이 아니라고 보았습니다. 시간과 공간 속에 일어나는 우주의 종말이 아니라, 묵시 문학의 종말적 언어는 바벨론 포로 상태에서의 이스라엘 귀환을 말하려는 것이라는 말입니다.

이처럼 당시 유대교가 이스라엘이 아직도 바벨론 포로 상태에 있다고 보았으므로 그들에게 예수가 하나님 나라를 선포함으로써 약속한 것은 바벨론 포로 상태에서의 해방이었다는 것입니다. 즉 예수의 하나님 나라 언어가 이스라엘의 바벨론 포로 상태로부터의 귀환과 해방과 회복을 의미한다는 것입니다. 예수 당시 부흥 운동하는 사람들은 모두 똑같이 이것을 추구했다는 것이 라이트의 주장입니다.

진정한 귀환은 하나님의 자녀로의 회복이다

그렇다면 예수와 바리새인들, 사두개인들, 열혈당들의 다른 점은 무엇입니까? 라이트는 이스라엘의 귀환이 어떻게 이루어지는지에 달렸다고 합니다. 토마스 라이트에 따르면 바리새인들의 경건주의 운동과 그들의 극단적 정치 표현인 열혈당 운동은, 극단적인 반 외세 민족주의를 표방하면서 무력으로 로마 제국의 압제를 몰아내고 민족의 해방을 가져오는 것이 이스라엘의 바벨론 포로 상태에서의 해방입니다. 반면, 예수는 그것이 바로 사탄적 시험이라고 보았다는 것입니다. 그래서 그런 식으로 하나님 나라, 곧 이스라엘의 회복을 추구하는 사람들에게 하나님의 심판이 있다고 예고했다는 것입니다. 그리하여 결국 당시 유대교 중심인 성전 파괴로 나타났다고 그는 말합니다.

그의 주장에 따르면 예수는 진정한 이스라엘의 숙명인 하나님의 종으로서 하나님께 의지하고 순종하여, 모든 이방인들에게 하나님의 빛 곧 하나님의 구원의 계시와 구원의 전달자가 되어 모든 이방인들까지 함께 포함한 참 하나님의 백성을 창조하는 것이 곧 이스라엘의 진정한 귀환으로 보았습니다.

예수의 모든 예언이 주후 66-70년의 유대 전쟁 동안 이루어진 것도 그 때문이라고 합니다. 그때 그릇된 이스라엘의 해방 운동은 유대 전쟁을 통해 심판을 받아 성전이 파괴되고 유대 민족은 끝이 났으며, 반면 그들과 합류하지 않고 예수의 가르침을 따라 유대 전쟁에 참여하지 않고 예수의 가르침을 따른 일단의 제자들(곧 교회)은 예수가 건설한 새로운 성전이 되었다는 것입니다. 그들 가운데 하나님께서 오셨다, 또는 인자가 왔다 그래서 그들 가운데 하나님 나라가 실현되었다는 것이 토마스 라이트의 해석입니다. 이것이 소위 역사적 예수의 제3 탐구의 특징을 잘 드러내는 예입니다.

이것은 전체적으로 당시 유대교의 맥락에서 예수의 하나님 나라 운동을 해석하려고 하는 것입니다. 이렇게 당시 유대교의 맥락에서 해석하려는 것은 옳은 일이고, 토마스 라이트는 많은 복음주의자들과 보수주의자들에게 호감을 얻었습니다. 특히 그 동안 불트만학파와 그의 제자들의 역사적 예수의 제2 탐구 그리고 그 연장선상에 있는 소위 예수 세미나 운동을 주도하는 사람들의 복음서 전승에 대한 깊은 회의(복음서의 내용들이 다 교회에서 지어낸 말들이고 참 예수의 말은 드물다는 것과 관련된 것)로 인해 식상한 보수주의자들은 토마스 라이트 식의 연구에 관심을 갖게 되었습니다. 하지만 토마스 라이트의 역사적 예수 연구도 한계가 있습니다.

우리의 문제는 하나님을 떠난 것이다

왜냐하면 그런 식으로 역사적 예수를 그려 놓고 보니 예수의 하나님 나라를 전적으로 바벨론의 하나님 나라로부터의 해방이라는 식으로 해석해야 했고, 결국 사도적 케리그마와 잘 연결되지도 않고 우리의 전통 신앙과도 잘 연결되지 않게 된다는 것입니다. 그러므로 그가 예수를 옳게 이해한 것이라고 볼 수 없습니다.

저는 오랫동안 탕자의 비유를 예수의 하나님 나라 복음의 패러다임 비유로 가르쳤지만, 탕자를 토마스 라이트처럼 보지 않습니다. 토마스 라이트는 탕자 비유가 바벨론 포로 된 이스라엘을 이야기한다고 보았습니다. 즉 아버지로부터의 멀리 떠남이 바벨론의 포로로 간 것이라는 겁니다. 그에 대해 저는 라이트의 해석은 근본적으로 틀리다고 봅니다.

탕자는 아담입니다. 라이트가 보는 것처럼 탕자가 왜 이스라엘이 될 수 없습니까? 간단하게 확인할 수 있습니다. 이스라엘은 자신들이 원해서 포로로 간 것이 아니라 억지로 끌려갔습니다. 그런데 탕자 비유는 탕자는 자기의 분깃을 아버지에게 요구해 스스로 아버지를 떠납니다. 라이트는 여기서부터 틀렸습니다. 그러나 그보다 더 심각한 문제는 탕자를 이스라엘로 해석하고 나면, 탕자의 돌아옴을 이스라엘의 귀환이나 회복 정도로 보아야 하고, 그렇게 되면 기독교 예수의 복음과 사도들의 복음에 있어서의 초월성과 보편성을 무시할 수밖에 없는 상황에 빠지게 된다는 것입니다. 이 비유의 탕자는 우리 모든 사람을 뜻하는 아담을 가리킵니다.

탕자의 비유를 중심으로 예수의 하나님 나라 복음을 요약하고 그 맥락 속에서 "당신의 나라가 임하게 하소서"라는 청원이 무엇을 의미하는지 살펴 나가겠습니다. 그리고 그것과 이어지는 "우리에게 일용할 양식을 주시옵소서" 청원, "우리의 죄를 용서해 주시옵소서" 청원, "사탄의 시험으로부터 보호하소서"라는 청원들이 각각 어떤 의미와 위치를 갖는지를 생각해 보도록 하겠습니다.

인간의 근본 문제는 아담적 실존이다

예수는 인간의 근본 문제를 아담적 실존으로 보았습니다. 그것은 아버지 곧 부요한 창조주 하나님 아버지로부터 분리된 상태를 말하며, 바로 그것을 인간의 근본 문제로 보았다는 것입니다. 따라서 예수는 탕자 비유를 통해 창세기 3장의 이야기를 말하는 것입니다. 아담은 우리 모두입니다.

예수의 탕자 비유가 예수의 하나님 나라 복음의 패러다임이라면 예수의 하나님 나라 가르침에 무엇이 전제되어 있습니까? 가장 먼저 창조 사상이 전제되어 있고, 다음으로는 타락 사상, 언약 사상, 종말 사상이 전제되어 있습니다. 구약과 유대교의 이런 중심 사상들이 예수의 하나님 나라 선포의 전제들이라고 말할 수 있습니다.

창조주 하나님은 아담을 창조하셔서 땅 위에 자신의 대리자로 세우셨습니다. 땅을 통치하게 하셨습니다. 이것이 사람을 하나님 자신의 형상을 따라 지었다는 말의 가장 기본적인 의미입니다. 그런데 아담이 사탄(악한 자)의 유혹에 넘어갔습니다. 이 사건이 주기도의 마지막 여섯 번째 청원인 악한 자로부터 우리를 지켜 달라는 말과 관계됩니다. 즉 하나님 나라의 옴을 핵심으로 삼고 있는 주기도는 아담의 타락 사건을 전제하고 있는 것입니다.

창세기 3장 5절에 나오는 사탄의 유혹의 내용이 무엇입니까? "너도 스스로 하나님같이 될 수 있다"는 것이었습니다. 아담은 피조물로서 하나님께 의지하고 순종함을 통해 비로소 하나님에게서 위임받은 땅을 통치할 수 있었습니다. 그런데 하나님께 의지하거나 순종하지 않고 자기 스스로 자기에게 하나님이 될 수 있다는 사탄의 말을 들음으로써, 다시 말하면 자신의 내재 자원으로 자신의 존재 의미와 안녕과 행복을 확보하겠다고 한 것입니다.

저는 이것을 가리켜 인간의 '자기를 주장하려는 의지(Selbstbehauptungswille = self-assertive will)'라는 표현을 즐겨 씁니다. 신학적으로 말하면 교만입니다. 인간이 스스로 하나님이라고 생각하는 것에 대하여 바울은 로마서 1장 18절 이하에서 말합니다. 인간은 하나님을 알고 또한 알기 때문에 하나님을 경외해야 하지만, 인간의 마음이 허망해져 오히려 자신을 신으로 섬깁니다. 자신을 섬기는 것은 항상 어떤 것으로 귀착이 되는데, 곧 자기가 다스려야 할 피조물을 도리어 신으로 섬기면서 그 피조물에게서 자기의 존재 의미와 안녕과 행복을 확보하려는 상태에 빠지게 됩니다.

하여간 아담이 스스로 하나님같이 될 수 있다는 사탄의 유혹에 빠져 하나님께 등을 돌린 것을, 예수는 지금 탕자의 비유에서 아버지에게 자기의 분깃을 요구해 취한 다음 아버지로부터 멀리 떠나는 것으로 표현하고 있습니다. 예수는 하나님께 등을 돌리고 자기 주장을 선언한 아담을 이렇게 탕자로 표현하는 것입니다.

아담 또는 탕자는 창조주인 아버지의 무한한 부요함에서 분리되고 떠난 것이며, 그 결과 이제는 자기의 제한된 분깃 속에 갇혀 버렸습니다. 인간의 내재한 자원이 자기 자원의 전부가 된 것입니다. 불행하게도 탕자의 분깃은 제한되어 있습니다. 아담은 자기의 내재 자원에 갇혔습니다. 이것은 제한성을 나타냅니다. 피조물의 제한성입니다. 그래서 우리는 창조주의 전능하심, 전지하심, 영원하심, 무소 부재하심 등 이런 것에 참여하지 못하고, 그 반대로 시간적으로도 장소적으로도 능력이나 지혜나 사랑에 있어서도 제한되어 있음을 봅니다. 이것은 곧 결핍으로 나타나는데 결핍은 인생의 가장 근본 문제입니다.

아담적 실존은 결핍의 존재이다

이 결핍으로부터 모든 고난들이 나옵니다. 지혜가 부족해서 오는 불안함, 능력이 부족하기 때문에 오는 제약, 시간적인 존재이기 때문에 늙고 병들고 죽게 되는 존재 등을 특징으로 하는 것이 우리 인간입니다. 탕자의 비유에 나오는 탕자로 말하면, 그의 제한된 자원(분깃)이 곧 고갈되어 마침내는 그가 돼지 치는 자의 상황에 떨어지고 돼지가 먹는 쥐엄 열매조차 충분히 먹지 못하는 상황에 떨어지는 모습입니다. 그래서 그 아버지는 탕자에 대해 말하기를 죽었다고 합니다. 나중에 돌아온 탕자를 보고 그 아버지는 내 아들은 죽었다가 다시 살았다고 말합니다. 죽음으로부터 다시 살아나는 부활을 암시하는 것입니다.

예수는 탕자의 비유를 통해 아담 이야기를 했다면, 이와 같은 아담의 실존에 대해 바울은 아주 바울답게 로마서 6장 23절에서 신학적인 언명 한마디로 요약합니다. 곧 죄의 품삯은 사망이라는 것입니다. 여기에 사용된 품삯이란 용병에게 주는 월급을 말합니다.

사탄은 유혹을 통해 우리를 용병으로 부릅니다. 이때 사탄이 사용하는 유혹의 내용은 곧 우리 자신을 하나님 앞에서 자기 주장하게 하는 것입니다. 스스로 하나님이 될 수 있다고, 되어 보라고 유혹하는 것입니다. 스스로 하나님이 되고자 함, 즉 하나님의 통치를 받지 않고 자기가 자신의 운명의 주(Master)가 되라는 유혹입니다. 자신이 자신을 통치하는 것입니다. 하나님의 통치를 받을 필요 없이 자기가 자기 운명의 주가 되라는 것입니다. 자기 존재의 의미와 안녕과 행복을 스스로 확보하라고 유혹합니다. 이 유혹을 따르면 곧 죄입니다. 이 자기 주장 의지가 죄의 본질입니다.

사탄의 유혹에 넘어가면 사탄은 우리에게 죽음이라는 삯을 줍니다. 그렇다면 그 죽음이란 무엇입니까? 그것은 단지 육신적으로는 살아 있으나 영적으로 죽었다는 말이 아니라, 실제로 죽음의 권세 아래 놓이게 되었음을 뜻합니다. 그 죽음의 권세는 고난이라는 증상들로 나타납니다. 우리는 죽음의 증상들을 나타냅니다. 모든 고난들은 근본적으로 우리가 우리를 통치함으로써 드러나게 된 죽음의 증상들입니다. 감기에 걸리면 머리가 아프고 관절이 쑤시고 목이 따갑고 콧물이 나고 기침을 하는 것처럼, 우리가 겪는 육신적·심리적·관계적·사회적인 고난들과 정치적 압제와 빈곤 등등 모든 고난들은 우리가 죽음에 들어가 있다는 것의 증상들입니다. 사탄이 우리로 죄를 짓게 하고 그 품삯으로 우리에게 주는 죽음은 이처럼 실제적인 것입니다.

그러므로 범죄로 인해 이르게 된 죽음을 단지 육신적으로는 살았으나 영적으로 죽었다는 식으로 표현하는 것은 적절하지 않다고 할 수 있습니다. 인간을 존재론적인 이원론으로 생각한 나머지 죽음의 문제를 너무 피상적으로 표현한 것입니다. 어떻게 표현하는 것이 좋을까요?

저는 진짜 성경적인 언어와 성경적인 사고에 충실하려면, '대지로부터 뿌리뽑힌 한 그루의 나무' 이미지를 생각해 보는 게 좋다고 봅니다. 생명의 근원인 대지로부터 뿌리뽑힌 나무를 생각해 보십시오. 그 나무는 죽은 것입니까, 산 것입니까? 살았다고도 할 수 있고 죽었다고도 할 수 있지 않습니까? 한동안 그 나무 자체가 가지고 있는 양분이 남아 있는 동안에는 생명의 흔적이 역력합니다. 여전히 잎이 푸르고 가지가 싱싱해서 살았다고 할 수 있습니다.

그러나 그 나무는 뿌리가 뽑힌 순간부터 자신의 생명을 위해 필요한 양식과 수분을 더 이상 공급받을 수 없는 운명 가운데 처하게 되는 것입니다. 아직은 나무 자체에 남은 수분 때문에 푸른 것 같지만 사실은 죽음을 향해 가는 나무일 뿐입니다. 잎이 마르고 가지가 시들고 죽어

갈 수밖에 없습니다. 그 나무는 죽음의 권세 아래 놓이게 된 것입니다. 생명의 근원에서 분리되어 죽음의 권세 아래 놓여 있다는 증상들입니다. 그러므로 이 나무는 죽었다고 할 수 있습니다. 죽음이라는 병에 걸린 것입니다. 죽음이 그 힘을 서서히 발휘합니다. 이것이 인생입니다. 이것이 아담적 인생의 실존입니다. 그래서 성경은 이 아담적 인생을 양쪽으로 말합니다. 즉 살아 있다고도 하고, 죽어 있다고도 합니다.

구원은 오직 하나님의 충만하심으로부터 온다

성경은 구원의 상태를 어떻게 묘사합니까? 우리 인생을 죽음의 권세 아래 있는 죽어 있는 상태로 본다면, 그래서 우리의 삶의 모든 영역에서의 고난들로 그 죽음의 증상을 나타내고 있는 것으로 본다면, 성경은 구원의 상태를 그 죽음에 대항에서 생명을 얻는 것이라고 봅니다. 반대로 지금 우리의 존재를 살아 있는 것으로 본다면 성경은 구원의 상태를 영생이라 합니다.

영생이라는 말은, 이 단어가 지니고 있는 문자적인 의미대로 한다면, 오는 세대 또는 오는 세상의 삶이라는 뜻입니다. 영생이라는 말은 유대교의 역사관을 전제하고 있습니다. 카디쉬 기도에 보면, "당신의 통치가 빨리 조속히 임하게 하소서, 우리의 세대 동안에 즉 이스라엘의 세대 동안에"라고 하는데 이것은 유대교의 역사관을 잘 나타내 줍니다.

우리가 살펴보았듯이 사탄이 하나님의 주권을 찬탈해 아담에게 통치하는 이 세대는 고난이라는 증상을 보이는 죽음의 세대입니다. 그런데 종말에 하나님이 오셔서 오는 세대, 오는 세상을 하나님이 통치하신다는 것입니다. 이때의 삶, 즉 오는 세대의 삶을 헬라어로 표현한 것이 영생($\zeta\omega\grave{\eta}\nu$ $ai\acute{\omega}\nu\iota o\nu$)입니다. 오는 세대($ai\acute{\omega}\nu$, העולם הבא)의 삶이라는 뜻입니다.

영생이란 영적인 삶이라는 말도 아니고 시간적으로만 길게 늘어진 영원한 삶이라는 말도 아닙니다. 오는 세대 즉 다시 하나님이 통치하시는 세상에서의 삶을 말합니다. 영생이란 내용적으로는 아담적 결핍으로부터 해방된 삶을 말합니다. 즉 하나님의 신적 부요함(=무한)으로 이루어지는 삶을 말합니다. 나무 그림으로 말하면, 나무가 우리 존재의 근원인 하나님에게 뿌리 박혀 다시 하나님으로부터 양식과 수분을 공급받는 삶입니다.

우리는 이것을 '하나님적(신적) 삶'이라고 합니다. 이것이 성경이 말하는 영생입니다. 거기에는 결핍으로부터 오는 고난이 없습니다. 지혜가 부족해서 불안한 것도 없고, 능력이 부족해서 문제에 빠질 일도 없고, 하나님의 영원에 참여하기 때문에 늙고 허약해지는 것도 있을 수 없습니다. 그러니까 시간적으로 영원한 삶도 됩니다. 불의, 압제, 빈곤 등 고난이 없는 신적인 삶이 있을 뿐입니다. 하나님의 충만하심—이것을 신학 전문 용어로 플레로마(Fleroma)라고 하는데—곧 하나님의 무한으로 이루어지는 삶입니다. 이것이 성경이 의미하는바 영생입니다.

예수는 지금 탕자의 비유를 통해 우리가 지금 아담의 상태, 곧 신적 삶으로부터 소외된 상태에 있음을 말합니다. 왜 그렇게 되었습니까? 바울이 로마서 1장 18절 이하에서 설명하는 대로 말한다면, 우리가 스스로 하나님이 되겠다고 주장하는 것에 대해 하나님이 "그럼 너 잘 해봐라"고 그렇게 내버려두셨다는 것입니다. 탕자의 비유로 말하면 아들이 아버지로부터 멀리 떠나서 자기 분깃, 자기 내재의 자원으로 자기의 생명과 삶의 의의를 얻으려고 하기 때문입니다. 바로 이것이 인생의 근본 문제입니다.

그러므로 토마스 라이트의 생각처럼, 예수의 탕자 비유가 하나님 나라의 패러다임을 말하는 것이기는 하지만 이스라엘의 바벨로니아 포로 상태를 인간의 근본 문제로 보도록 하는 것이라는 주장은 옳지 않습니다. 제가 주장하는 것처럼, 예수가 이 비유를 통해 그리고 더 넓게는 자신의 하나님 나라 선포를 통해 해결하고자 한 근본적인 문제는 좀더 근원적인 것으로 곧 아담적 실존의 문제를 해결하는 것입니다. 탕자 비유는 우리 인간들로 하여금 아담적 운명을 극복해서 다시 한번 창조주와 연합시키는 것, 그래서 창조주의 초월 곧 신적 생명에 참여하게 하는 것을 말하는 것입니다. 이것을 신학 용어로 '아포데오시스(apotheosis)'라고 합니다. 즉 인간이 참으로 하나님같이 됨을 뜻하는데, 그런 구원을 예수는 '하나님 나라'라는 말로 표현한 것입니다.

하나님의 통치가 복음이다

우리는 지금 예수께서 가르쳐 주신 기도를 유대교의 카디쉬 기도와 18번 축복 기도와 비교했는데, 무엇보다 예수의 기도의 간결함을 발견할 수 있었습니다. 그 간결함은 어디서 오는 것입니까? 어떻게 이토록 간결할 수 있습니까?

18번 축복 기도는 온갖 것을 다 구하는 데 비해, 예수의 기도는 "당신의 나라가 임하게 하소서, 양식을 주소서, 우리의 죄를 용서하여 주소서, 사탄적 유혹으로부터 보호하소서"와 같이 모든 청원이 인간 실존에 있어 가장 기본적인 것을 구합니다.

여기서 양식 청원은 단지 먹을 것을 달라는 게 아니라 우리의 내재 자원의 가난함에서 해방시켜서 창조주 하나님으로부터 오는 무한함을 덧입게 해달라는 기도입니다. 죄 용서 청원도 아담적 숙명을 극복해서 하나님과의 관계가 회복되고 이웃과의 관계가 회복되도록(이웃과의 관계 회복은 우리의 서약) 기도하는 것입니다. 이와 같은 주기도문의 청원들은 이스라엘인이나 이방인이나 누구에게나 통용되는 인간의 가장 기본적 문제 해결에 대한 기도입니다. 이스라엘의 특수성이 나타나지 않습니다.

그러므로 예수가 하나님 나라 복음을 통해 해결하려고 하는 것은 기껏해야 이스라엘의 바벨로니아 포로 상태에서 이스라엘을 해방시키려는 것이 아니라, 인간의 아담적 숙명의 극복임을 이 주기도문은 다시 한번 확인시켜 줍니다. 따라서 주기도는 더 초월적이고 보편적인 메시지임을 알게 합니다. 이런 아담적 상태에 있는 우리 인간들에게 예수는 하나님 나라의 복음을 선포했습니다.

왜 하나님의 통치가 복음입니까? 하나님께로의 귀환, 탕자의 비유로 말하면 거지가 된 아들이 부유한 아버지께로의 회복이 이제 가능해졌기 때문입니다. 그것이 예수가 선포하는 복음입니다. 우리 인간의 아담적 숙명을 극복하고 창조주 하나님께로 회복되어 창조주의 신적 생명 즉 영생을 얻을 수 있는 가능성이 열렸다는 말입니다. 이것이 예수의 복음입니다.

어떻게 열렸습니까? 근본적으로는, 우리를 구원해 주시고 하나님 노릇 해주시겠다는 과거 하나님과의 언약에 기초합니다. 하나님은 우리를 사탄의 통치로부터 해방시켜서 자신의 의와 생명의 통치로 회복시키겠다고 약속하셨고, 그 약속이 이 세대 끝에 하나님의 오심으로써 이루어지게 된 것입니다. 묵시 문학적 표현에 의하면 하나님이 그의 메시아를 보내사 사탄의 세력을 꺾고 오는 세대를 열므로 하나님의 하나님 노릇 해주시겠다는(우리를 구원하시겠다는) 약속이 성취되리라고 선지자들은 예언했는데, 그것이 지금 임박했다고 예수는 선포한 것입니다. 이 구원의 시대가 열린다는 것입니다. 이것이 복음입니다.

하나님 나라에서만 결핍이 해결된다

예수는 임박한 하나님 나라를 어떻게 표현했습니까? 주로 잔치와 상속의 그림 언어 또는 비유로 그렸습니다. 잔치 중에서도 기쁨이 가장 충만한 혼인 잔치로 그렸습니다. 구원을 잔치로 그리는 것은 구약에서부터 이미 익숙한 것입니다.

그 대표적인 예가 시편 23편입니다. 23편은 구원의 상태를 하나님이 내게 큰 잔치상을 배설하셔서 내 포도주 잔이 넘치는 것으로 그립니다. 그것도 그 구원의 잔치가 원수들의 목전에서 베풀어지는 것으로 묘사합니다. 이사야 25장에서도, 메시아 시대에 하나님의 나라는 시온에서 베풀어질 큰 잔치로 묘사됩니다. 이것을 메시아적 잔치라고 합니다.

이처럼 구약에서부터 하나님의 구원을 잔치로 그리는데, 예수가 바로 그 전통을 이어받아서 이제 곧 올 하나님 나라를 잔치로 그리고 있는 것입니다. '잔치' 하면 금방 머리 속에 그려지는 그림이 무엇입니까? 풍요로움과 배부름입니다. 기쁨입니다. 서로 나누고 권하는 사랑이 있습니다. 이것이 잔치가 우리에게 떠오르게 하는 것입니다. 이것이 하나님 나라라고 말하고 있습니다.

반면, 사탄의 나라는 결핍입니다. 항상 욕구 불만이 있고, 기쁨 대신 아픔과 슬픔이 있고, 사랑 대신에 아귀 다툼이 있습니다. 제한된 자원을 서로 많이 차지하려고 만인이 만인을 향해 늑대 노릇 하는 다툼과 착취가 있습니다. 그것이 사탄의 나라입니다. 지금 우리는 아담적 실존 가운데 있습니다. 사탄의 통치 아래 떨어진 아담적 실존 가운데 있습니다. 그런데 이런 우리들에게 예수는 이제 곧 하나님의 나라가 임한다고 말하는 것입니다.

상속 그림도 마찬가지입니다. 하나님의 부요함을 상속받는 것입니다. 우리가 하나님의 자녀들이 되어서, 하나님을 '아빠' 라 부름으로 하나님의 무한한 부요함을 상속받습니다. 그것이 주기도문에서는 우리 청원들의 첫 번째인 "일용할 양식을 주소서"로 나타납니다.

예수의 탕자 비유는 하나님 나라의 의미를 더 풍부하게 나타내기 위해 잔치의 그림과 상속의 그림을 섞어 표현하고 있습니다. 돌아온 탕자에게 아버지는 다시 가락지를 끼우고 예복을 입힘으로써 상속자로 회복시킵니다. 살진 송아지를 잡고 풍악을 울리며 큰 잔치를 베풉니다. 또한 "내 아들은 죽었다가 살아났다"고 말합니다(눅 15:24, 32). 그것도 두 번 말합니다. 죽음에서 생명으로 옮겼다는 것입니다. 하나님의 충만함(플레로마)에 참여하는 것인데, 예수는 이같이 하나님적 삶에 참여하는 이런 구원을 약속하면서 구원이 곧 온다, 하나님 나라가 곧 온다고 복음을 선포한 것입니다.

그런데 예수는 곧 온다고만 선포한 것이 아니라, 곧 올 하나님의 나라가 자신을 통해 지금 실현되어 가고 있다고 주장한 것입니다. 누가복음 11장과 마태복음 12장을 보면 바알세불 논쟁이 나옵니다. 예수가 귀신을 쫓아내자 바리새인들은 바알세불을 힘입어 귀신을 쫓아낸다고 했고, 예수는 그것이 가당치 않다고 했습니다.

누가복음에 의하면 자신이 하나님의 손가락으로, 마태복음에 의하면 하나님의 영으로 귀신을 쫓아낸다고 합니다. 어쨌든 두 복음서가 말하고자 하는 바는 초월의 하나님의 힘 곧 하나님의 구원의 힘이 지금 예수의 축사와 치유 활동에 나타나고 있다는 것입니다. 그러므로 자신의 치유 활동이 곧 올 하나님 나라의 현재적 실현의 증거라고 말하는 것입니다. 그래서 내가 하나님의 손가락과 성령으로 귀신을 쫓아내는 것은 하나님의 구원의 통치가 지금 실현되고 있음을 증거하는 것이라고 말합니다.

예수는 치유를 여러 의미로 사용하고 있습니다. 예수의 치유를 종종 귀신을 쫓아내고 육신적 병고를 고치는 것만으로 이해하는데, 그렇게 되면 많은 신학적 문제가 발생합니다. 예수의 치유를 좁게 이해하는 것은 매우 위험하다는 말입니다. 예수의 치유를 부정적 언어로 표현한다면, 인간 실존의 모든 영역에서 발생하는 고난으로부터의 해방이라고 정의할 수 있고, 긍정적인 언어로 표현한다면 인간 실존의 모든 영역에서 우리를 온전케 함이라고 정의 내릴 수 있습니다.

예수의 치유는 이처럼 아주 포괄적으로 이해해야 합니다. 예수의 치유 활동을 가만히 보면 아주 포괄적이라는 것을 발견하게 됩니다.

육신적 병고도 치유하고 귀신 들린 자를 해방시키기도 했지만, 죄인들을 불러 하나님과의 올바른 관계에로 회복시키고 이웃과의 올바른 관계를 회복시키는 일을 했습니다. 방금 정의한 대로 이 모든 것들이 포괄적 의미에서 예수의 치유 활동이었습니다. 즉 예수의 치유 활동은 인간을 온전케 하는 것이었습니다.

하나님의 통치는 관계의 회복으로 나타난다

누가복음 19장에 나오는 삭개오는 우리에게 많은 교훈을 줍니다. 맘몬의 우상 숭배에 빠져 있는 삭개오에게 예수께서 하나님 나라의 복음을 전했을 때, 삭개오는 이 복음 앞에서 회개하고 맘몬의 우상 숭배를 버리고 하나님의 통치를 받아들였습니다. 이때 예수는 "이 집에 하나님의 구원이 임했다"고 선언합니다.

삭개오에게 하나님과의 관계 회복이 일어난 것입니다. 긍정적인 언어로 말하면 의인이 된 것이고, 부정적인 언어로 말하면 죄 용서를 받은 것입니다. 하나님과 올바른 관계가 회복되었다는 것입니다. 그것은 곧 이웃과의 올바른 관계로 나타났습니다.

과거에는 삭개오가 이웃을 착취하였기에 이웃은 삭개오를 멸시하고 두려워했고, 삭개오는 이웃을 멸시하고 이웃을 두려워했는데, 이제는 갈등 속에서 오는 상호 증오와 상호 공포에서 해방되었습니다. 즉 하나님의 샬롬이 임한 것입니다. 하나님과, 또 이웃과의 샬롬이 이루어진 것입니다. 바로 이것이 예수의 치유입니다.

예수의 치유는 육신의 병고의 제거로도 나타납니다. 삭개오처럼 죄 용서를 체험하고 하나님과 이웃과의 관계에서 샬롬을 경험한다면 그 마음에 진정한 평화가 임하고, 그러면 자연히 오늘날 우리가 많이 경험하는 스트레스도 줄어들 것입니다. 예수의 치유는 병고와 귀신 쫓아내는 것만으로 국한되는 것이 아니라 죄인들을 불러모아 그들에게 하나님의 죄 용서를 선언하고, 이웃과의 관계를 회복시키는 것을 모두 포함합니다. 이것이 복음서의 전체적 근저에 깔린 내용입니다.

그런 포괄적인 이해를 뿌리게 하고, 그 가운데서 예수님의 치유 활동 특히 병고 치유 활동 몇 개를 중점적으로 드라마틱하게 표현한 것입니다. 복음서들에는 죄인들을 회복시키는 포괄적인 치유에 대한 이해가 근저에 깔려 있으며, 그 중에 몇 개 육신적 병 고침의 사건들을 패러다임으로 부각시킵니다. 이렇게 한 이유는 예나 지금이나 육신의 병고를 치유하는 것이 증명의 효과가 가장 뚜렷하게 나타나기 때문입니다. 마가복음 2장 1-12절까지에서 잘 나타납니다.

중풍병에 걸린 친구가 들것에 실려 왔을 때 예수는 "너, 나았다"라는 식으로 치유를 말하지 않고, "너의 죄가 용서되었다"고 선언합니다. 하나님과의 관계 회복이 일어난 것입니다. 이것은 다시 하나님의 하나님 노릇 해주심을 회복했고 이로 인해 하나님의 생명력을 덧입어서 이 중풍병자에게는 자신의 결핍 상태로 나타난 육신적인 병고가 해결된 것입니다. 그에게 일어난 이 모든 일들의 가장 근본적인 문제가 무엇입니까? 바로 죄의 용서입니다.

그런데 그 자리에 있던 신학자들인 서기관과 바리새인들은 예수의 죄 용서 선언에 대하여 시비를 겁니다. 그러자 예수는 죄의 용서가 바로 그 사람의 근본적인 문제였음을 육신의 병 고침으로 증명합니다. 이 사건에서 보는 바와 같이 육신의 병 고침 그 자체만 치유가 아니라

124

죄인들의 아담적 생명의 극복 곧 창조주 하나님과의 회복, 이웃과의 관계 회복이 더 근본적인 치유입니다. 이것이 육신의 병고의 회복으로도 나타나고, 사회 궁핍의 해방으로도 나타납니다.

이렇게 예수는 하나님 나라가 곧 오는데 그 하나님 나라가 자신의 치유를 통해 삶의 모든 영역에서의 결핍으로부터 해방, 그리고 하나님의 충만함에로 참여케 됨으로 일어난다고 이해한 것입니다. 예수는 바로 그 치유와 회복을 가져오는 하나님 나라가 지금 실현되어 가고 있다고 가르친 것입니다.

하나님 나라는 초월에서 은혜로 온다

여기서 예수는 이 하나님 나라가 하나님의 초월에서부터 우리에게 은혜로 온다는 것을 강조했습니다. 그가 사용한 하나님 나라 언어를 보면 이 점을 잘 알 수 있습니다. 예수의 하나님 나라 언어는 당시 유대교의 배경에는 없는 독특한 것입니다.

우선, 예수가 하나님 나라와 함께 쓴 동사들의 쓰임을 보면 알 수 있습니다. 예수는 항상 "하나님 나라가 온다"고 했습니다. 이것은 예수의 독특한 언어입니다. 하나님이 "하나님 나라를 우리에게 주신다"고 말합니다. 또 제자들에게 "작은 양 무리여 두려워 말라 하늘에 계신 너희 아버지께서 그의 나라를 주시기를 기뻐하신다"고 하십니다. 우리쪽에 해당하는 표현으로는 "하나님 나라에 들어가다" 또는 "하나님 나라를 받는다"는 것입니다. 우리가 하는 일은 들어가고 상속받는 것입니다. 이런 그림의 짝을 자세히 보면 하나님의 통치가 하나님의 초월에서 오는 것임을 분명히 알 수 있습니다. 하나님이 우리에게 은 혜를 주십니다. 즉 초월에서 은혜로 우리게 주시는 것입니다. 하나님 나라의 초월성과 은혜성을 강조하십니다.

우리가 흔히 쓰는 "하나님 나라를 땅에 이루고" "선교사를 보내서 하나님 나라를 확장한다"는 식의 언어들을 예수는 사용하지 않습니 다. 왜 그럴까요? 가만히 생각해 보면 이런 언어들은 다분히 인본주 의적입니다. 인간이 자기의 노력으로 하나님 나라를 땅에 이루고, 인 간이 자기들의 노력으로 하나님 나라를 확장한다는 것으로 보이기 쉽 기 때문입니다. 인간이 이루고 인간이 확장하는 나라라면 인간의 나 라이지 하나님의 나라이겠습니까? 인간이 이루고 인간이 노력하여 확장한 나라는 하나님 나라가 아닙니다. 인간의 나라일 뿐입니다. 이 것이 하나님을 빙자해 인간의 나라를 이루려고 하는 것은 예수 당시 에 있던 열혈당식 신학입니다. 예수는 끊임없이 이 열혈당식 신학의 도전 앞에 직면하여 하나님 나라를 선포했습니다.

소위 예수의 제3 탐구를 하는 사람들이 우리에게 상기시키려고 늘 애쓰는 것은 당시 1세기 유대교의 맥락입니다. 그들에 의하면 예수 당시 열혈당식 하나님 나라 운동은 예수의 하나님 나라 운동에 대한 절실한 대안(alternative)이라는 것입니다.

예수도 그런 시험을 여러 번 받습니다. 예수는 우선 열혈당식 하나 님 나라 운동에 대한 요구를 시험으로 봅니다. 예수는 심지어 그의 제 자들로부터도 시험을 받습니다. 베드로에게 "사탄아 물러가라"고 외 치는 것도 베드로가 예수더러 열혈당식 메시아가 되라고 요청했기 때 문입니다.

마태복음 4장, 누가복음 4장, 마가복음 1장 등 공관복음은 예수의 첫 시험 기사를 공통으로 다루고 있는데, 그 시험의 내용은 한마디로 열혈당식 메시아가 되라는 것입니다. 고난 없이 자기 주장을 통해 이 세상을 통치하는 자가 되라는 것이고, 유대 민족의 메시아 사상으로 온 세계의 이방 민족들을 정복해 유대인들을 세계 일류의 통치 민족으로 올리는 다윗적 전사, 왕 메시아가 되라는 요구입니다. 열혈당식 메시아가 되라는 것입니다.

그것이 어떻게 일어납니까? 자신들의 토라(율법) 특히 제1 계명에 충실해서, 이방 민족에게 대한 무력 주장을 통해, 사회 정의를 통해, 부의 공정한 분배를 통해 자신들이 하나님의 나라를 이루고 확장한다고 생각했는데, 예수는 그것은 인간의 나라일 뿐이고 그 운동을 통해서는 진정한 구원의 가능성이 없다고 보았습니다.

그래서 예수는 도리어 이런 언어(하나님 나라와 함께 쓰인 동사들), 곧 하나님 나라의 초월성과 은혜성을 강조하는 언어를 썼습니다. 초월성과 은혜성을 강조하는 것은 이것이 구원의 두 조건들이기 때문입니다. 구원이 참 구원이기 위해서는 인간의 제한성 저 밖에 초월의 무한함에서 오는 것이라야 합니다. 인간의 내재의 제한성 속에서는 구원이 가능하지 않기 때문입니다. 인간의 내재 저편에 있는 무한에서 와야만 인간보다 초월하기 때문에 인간에게 진정한 구원일 수 있습니다. 그것은 어떻게 옵니까? 바로 은혜로 오는 것입니다.

초월성과 은혜성을 잃은 구원론은 절망일 뿐이다

앞서 이미 암시했듯이, 세상의 고등 종교들의 신론을 가만히 생각

127

해 보십시오. 대표적으로 인도 종교 계열, 예컨대 힌두교나 불교는 범신론입니다. 이 범신론은 신의 초월을 부인합니다. 신의 내재만 있습니다. 이 세상 전체가 신의 다양한 표현이요 신의 나타남이요 현상들입니다. 삼라만상이 신의 다양한 현현입니다. 세상을 벗어난 저 밖에 세상보다 큰 신이 따로 있는 것이 아니라는 말입니다. 즉 범신론의 신관에 의하면 초월의 신이 있을 수 없습니다. 따라서 이러한 신론을 가진 종교의 구원론은 자력 구원론으로 설정될 수밖에 없습니다. 우리 밖에서 우리를 구원하러 오는 신이 없기 때문입니다. 결국 자신이 자신을 구원해야 합니다.

범신론에 반대되는 고등 종교의 신론은 이신론(Deism)입니다. 이슬람의 신관이 대표적입니다. 여기서는 신의 초월을 너무 강조하다가 내재를 부인합니다. 신이 너무 거룩하기 때문에 이 타락한 세상에 오지 않습니다. 아니 올 수 없다고 하는 것이 더 정확한 표현입니다. 그러면 논리적으로 구원이 불가능합니다. 큰 자가 작은 세상으로 올 수 없다, 너무 거룩하기 때문에 타락한 세상에 올 수 없다는 것입니다.

이슬람의 신관에 의하면 우리를 구원할 수 있는 초월자 위대한 알라가 있기는 합니다. 그러나 우리를 구원할 수 있는 그 위대한 알라가 저 하늘 꼭대기에 혼자 고고히 앉아 있기에 이 내재의 세상에 들어올 수 없습니다. 따라서 사람들은 알라가 각자에게 정해 준 운명대로 살든지, 아니면 숙명론에 빠지든지, 자기가 메카를 순례하고 금식하고 선행을 행하고 거룩한 전쟁에 가서 전사하든지 하는 식의 종교 생활을 통해 결국은 자력 구원을 하게 됩니다.

이 자력 구원론이라는 말 속에 인간의 절망이 도사리고 있습니다. 인간이 자기 힘으로 자기를 구원한다는 것이기 때문입니다. 인간의

한계성 때문에 문제가 생기는 게 우리 인간의 실존인데, 바로 그 한계
된 자원으로 자기의 한계성 때문에 자기에게 오는 문제를 해결한다는
것은 있을 수 없는 문제입니다. 자가당착입니다. 인간이 자기에게서
스스로 자기의 존재 의미와 안녕과 행복을 확보할 수 있다는 것은 모
순이기 때문입니다. 그럴 수 없습니다.

예수의 복음은, 내재에 갇혀 있는 이 탕자 곧 아담을 하나님이 모른
척 버려 두는 것이 아니라, 하나님의 초월로부터 우리에게 은혜로 하
나님의 구원의 통치가 온다는 것입니다. 우리에게 은혜를 주신다는
것입니다. 우리는 그것을 받습니다. 하나님 나라에 들어갑니다. 이런
상태에서 인간은 아무 할 일이 없습니까?

예수의 하나님 나라 복음의 이런 구도 속에서 "우리에게 일용할 양
식을 주시옵소서"라는 청원, 특히 "하나님 나라가 임하게 하옵소서"
라는 주기도문의 중심 청원에 바로 이어 나오는 이 "일용할 양식을 주
시옵소서"라는 '우리' 청원의 첫 번째 청원이 무슨 의미를 갖는지는
다음 장에서 계속 살펴보겠습니다.

4

하나님의 초월로부터 임하는
하나님 나라

우리는 예수의 하나님 나라 선포에 있어서 하나님의 나라가 어떻게 오는가 하는 문제를 살펴보았습니다. 한마디로 하나님의 초월과 은혜로부터 온다고 했습니다. 또 하나님의 초월성과 은혜성을 특징으로 한다고 강조했습니다. 이것이 제일 중요합니다. 왜냐하면 이것이 구원의 두 가지 조건이기 때문입니다.

신(神)의 이 초월성과 은혜성 중에 어느 하나만 무시되어도 진정한 구원은 결코 일어날 수 없습니다. 초월성이나 은혜성 중 하나만 부인해도 그런 신론을 가진 종교의 구원론은 자력 구원론으로 설정될 수밖에 없기 때문입니다. 자력 구원이란 사실상 진정한 구원이 아닙니다. 소망 없는 구원론일 수밖에 없습니다. 신의 초월성이 없는 인본주의 철학이나 이데올로기도 마찬가지입니다.

공산주의는 인류 역사가 최근에 보여 준 가장 큰 실험이었습니다. 인간이 자신의 내재의 자원을 동원해서 마르크스와 엥겔스가 공산당 선언에서 언급한 모든 사람들이 능력껏 일하고 모든 사람들이 필요껏 쓰는 프롤레타리아 유토피아를 만들겠다고 했습니다. 하지만 유토피아는커녕 70-80년 동안 실험하다가 결국 대재앙으로 끝나고 말았습니다. 인간이 자기의 내재의 힘으로 자신의 안녕과 행복을 확보한다는 것은 가능하지 않습니다. 자력 구원은 가능하지 않다는 것입니다.

진정한 구원은 하나님의 초월로부터 그리고 은혜로 우리에게 온다는 것을 알 수 있습니다.

이런 맥락에서, "하나님의 통치가 빨리 임하게 하옵소서"라는 간구는 첫 번째 청원이요 중심 청원이라는 것을 생각해 볼 수 있습니다. 이어서 "오늘 우리에게 일용할 양식을 주시옵소서"라는 양식 청원이 있습니다. 이제 이 양식 청원을 함께 생각해 보겠습니다.

우리에게 양식을 주옵소서

양식 청원에 대한 마태복음판과 누가복음판의 본문이 서로 다릅니다. 먼저, 마태복음판을 보면, "오늘 우리에게 양식($\epsilon\pi\iota o\acute{v}\sigma\iota o\nu$)을 주시옵소서"라고 되어 있는데, 이때 '주시다'는 동사가 아오리스트(aorist) 즉 부정과거형으로 되어 있습니다. 반면 누가복음에는 '주시다'는 동사가 현재형일 뿐 아니라 '오늘'이라는 말보다는 '날마다' 또는 '그날에 필요한'이라는 뜻의 '토 카타 헤메란($\tau\grave{o}\ \kappa\alpha\theta$ ' $\acute{\eta}\mu\acute{\epsilon}\rho\alpha\nu$)' 이라는 문구로 되어 있습니다. 이처럼 마태판과 누가판은 약간의 차이가 있습니다. 그런데 이 '토 카타 헤메란'은 누가가 즐겨 쓰는 표현 양식입니다. 아마 누가가 자기가 즐겨 쓰는 숙어를 .사용하여 표현한 것 같습니다.

여기서 '에피우지온($\epsilon\pi\iota o\acute{v}\sigma\iota o\nu$)'이 정확히 무슨 뜻인가 하는 것이 상당한 토론 거리이며 또 중요한 문제입니다. 이 단어는 복음서와 기독교의 영향을 받은 기독교 문서 외에는 헬라 문서 어디에도 나오지 않습니다. 이 에피우지온의 어원은 무엇이고, 원래 의도하던 뜻은 무엇이냐에 대한 토론이 활발합니다.

주석가들이 즐겨 택하는 세 가지 해결책이 있습니다. 첫째는 이 단어를 '에피' 와 '우지아' 의 복합어로 보고 '삶에 필요한' 또는 '삶을 가능케 하는' 의 뜻일 가능성이 있다는 것입니다.

둘째는 '당일을 위한' 이라는 뜻으로 보는 것입니다. 당일 즉 '에피 텐 우산(ἐπι τὴν οὐσιαν)' 으로, 여기에 '헤메란' 이 생략된다고 보는 것입니다. 그렇다면 '당일에 필요한' 또는 '당일을 위한' 이라는 뜻이라는 것입니다.

셋째는 '오는 날' 또는 '다음날' 로 보아야 한다는 입장입니다. 즉 오고 있는 날로 해석해야 한다는 것입니다. '헤 에피우지온 헤메란(ἡ ἐπιούσιον ἡμέραν)' 에서 '헤메란' 만 생략되었기 때문에 그렇게 해석해야 한다는 것입니다.

이 해석들 중에서 그나마 가능성이 높은 것은 첫 번째와 세 번째입니다. '당일을 위한' 이라는 말은, 마태판에 의하면 세메론(σήμερον) 즉 '오늘' 이고, 누가판에 의하면 '토 카타 헤메란(τὸ καθ' ἡμέραν)' 입니다. 누가판의 이 표현은 '당일을 위한' 이라는 뜻이기보다는 '삶에 필요한' 이라는 뜻이든지, '오는 날' 이라는 것 중 하나가 적당하리라고 봅니다. 전통적으로 이 둘 중의 하나로 많이 해석했습니다. 그렇다면 "다가오는 하루를 위한 나의 양식을 주시옵소서"라는 뜻으로 이해할 수 있습니다. 이 기도를 아침에 한다면 이제 지금부터 시작하는 다가오는 하루를 위한 양식을 달라는 것이고, 저녁에 드린다면 내일 오는 다가오는 하루를 위한 양식을 달라고 간구하는 것이 됩니다.

최근에 주석가들은 특히 세 번째의 의미로 많이들 해석합니다. 세 번째일 가능성이 상당히 큰 이유는, "오늘 우리에게 양식을 주시옵소서"라는 청원이 출애굽기 16장의 만나 이야기를 배경으로 하고 있기 때문입니다. 출애굽기 16장 4절을 보면 하나님이 이스라엘에게 만나를 약속하실 때 그날에 필요한 것을 주시겠다고 하셨습니다.

> 때에 여호와께서 모세에게 이르시되 보라 내가 너희를 위하여 하늘에서 양식을 비같이 내리리니 백성이 나가서 일용할 것을 날마다 거둘 것이라 이같이 하여 그들이 나의 율법을 준행하나 아니하나 내가 시험하리라.

출애굽기 본문은 '일용할 것을 날마다(דברים ביומו)' 라고 말합니다. 하나님이 이스라엘 백성에게 만나를 약속하실 때 날마다 그날에 필요한 양식을 주시겠다는 것이었습니다. 주기도문의 양식 청원이 바로 만나 이야기의 표현을 사용하고 있다는 것입니다.

하나님이 만나를 언제 주십니까? 아침에 주십니다. 무엇을 위해서입니까? 아침부터 전개되는 하루를 위해 주십니다. 아침에 준다는 것은 오는 하루를 위한 것이라는 의미입니다. 하나님은 언제 메추라기 고기를 주십니까? 출애굽기 16장을 보면, 저녁에 메추라기를 주시는 장면이 나옵니다. 그러므로 저녁에 양식을 받았다면 그 다음날의 음식을 받은 것이고, 아침에 받았다면 아침부터 시작되는 오늘을 위한 것입니다.

따라서 주기도문의 '오는 날'이라는 말은 "지금부터 시작되는 그날 우리에게 일용할 양식을 주시옵소서"라는 의미로 사용되는 것입니다. 이것은 하나님께 우리의 생명을 가능하게 해달라는 기도입니다. 즉 생명을 보존해 달라는 것입니다. 그렇게 생명에 필요한 것을 주시는데 그것을 누가식으로 하면 '날마다'이고, 마태식으로 하면 '오늘 하루' 를 위해 달라는 것입니다.

하나님을 의지하는 삶의 자세가 관건이다

이렇게 구하라는 것은 기도하는 태도에 대해 광야 이스라엘 백성과 대조시켜 교훈하는 것입니다.

첫째, 출애굽기 16장의 만나 거두는 사람들과 대조시킵니다. 그 사람들은 욕심이 많아 많이 거두기도 했지만 하루 먹기에 적합한 한 오멜이 되었다는 것입니다. 너무 많이 거두어들이면 먹고 남은 나머지는 그 다음날 벌레가 생기고 부패해서 먹지 못하게 되었다는 것입니다. 하루하루, 그날그날 하나님께 의지하는 태도를 가르치는 것입니다.

주기도문이 '일용할 양식' 이라고 표현한 것은 "우리에게 지금 오늘, 날마다 우리에게 그날 필요한 음식을 주시옵소서"라는 뜻입니다. 매일 그날 필요한 양식을 달라는 것입니다. 이렇게 매일 그날그날 필요한 양식 또는 지금부터 오는 하루에 필요한 양식을 구하라는 것은 출애굽기 16장을 근거로 하면, 우리가 매일 음식을 더 많이 거두려고 욕심 갖지 말고 그날그날 하나님께 의지해서 사는 삶의 자세를 갖추라는 뜻입니다. 그래서 "톤 아르톤 톤 에피우지온"을 일용할 양식이라고 번역한 것입니다.

둘째로는 더욱 근본적으로 아담과 대조시켜서 말하는 것입니다. 아담의 타락의 내용은 자기 자신이 자신의 안녕과 행복을 확보하겠다는 것입니다. 자신이 자신의 생명을 유지하겠다는 것입니다. 어떻게 해서 그렇게 합니까? 아담은 농사를 해서, 즉 일을 해서 그 땀의 열매인 양식으로 살게 되었다는 것입니다. 창세기 3장 19절의 말씀이 그것입니다.

그런데 문제는 아담의 그 상황이 항상 결핍이라는 것입니다. 인간이 자기의 힘으로 자기의 삶을 유지하려고 하는 것은 항상 '삶'만 확대하는 것이 아니고 동시에 '죽음'을 확대하는 것입니다. 즉 항상 삶과 죽음의 변증법적 실체를 우리에게 가져다 줍니다. 죽음의 그림자 없는 삶만 가져다 주지 않습니다.

양식 기도는 맘몬 숭배와 대립한다

예수는 "우리에게 일용할 양식을 주시옵소서"를 여기 마태복음 6장 19절—34절까지의 설교로 확대하고 있습니다. 우리가 하나님의 하나님 노릇 해주심, 하나님의 사랑의 통치, 초월에서 은혜로 오는 은혜의 통치를 받지 않는 아담적 상황은 자기 스스로 자기의 땀 흘리는 일을 통해 그 열매로 자기의 삶을 지탱해야 하는 것입니다. 그러므로 항상 결핍에서 절대로 자유로울 수 없는 상황입니다. 항상 우리에게 근심과 걱정을 안겨 주는 삶입니다. 그러다 보니 인간은 항상 맘모니즘의 가치관으로 빠지게 됩니다. 물질을 우상화하는 상황에 빠집니다. 그래서 "우리에게 일용할 양식을 주시옵소서"라는 청원에 대한 예수의 설교 중 6장 24절에서 "누구도 하나님과 맘몬을 같이 섬길 수 없다"고 하는 것입니다.

아담적 실존은 언제나 맘모니즘적 우상 숭배에 빠질 수밖에 없습니다. 이 맘모니즘의 우상 숭배에 빠지면 이웃을 착취할 수밖에 없습니다. 이웃의 것을 착취해 자신의 물질적 풍요를 확보해야 한다고 느끼게 하기 때문입니다. 이것은 우리의 실존에서 또 다른 심각한 문제를 발생시키는데 그게 바로 갈등입니다.

그러나 문제는 우리가 아무리 일을 많이 하고 열매를 많이 맺어도 그것이 진정한 삶의 길이 아니라는 것입니다. 예수는 이 사실을 여러 비유들을 통해 가르칩니다. 누가복음 12장 15−21절에 보면 예수는 어리석은 부자 이야기를 합니다.

흥미롭게도 누가복음 12장 22−34절까지의 내용은 마태복음의 "우리에게 일용할 양식을 주옵소서" 청원에 대한 출애굽기 16장의 만나 이야기를 근거로 한 설교에 나오는 말씀과 같습니다. 누가복음 12장 22−34절의 예수의 설교는 마태복음 6장 24−34절과 병행을 이룹니다. 자기 힘으로 자기가 일을 해서 거기서 얻는 열매로 삶을 얻으려고 하는 태도는 결국 맘모니즘 우상 숭배에 빠지게 되며, 그것은 삶의 길이 아닙니다. 설령 우리가 우리의 노력으로 많은 열매를 맺어 곳간을 헐고 새로 짓고 곡식을 많이 쌓아 둔다 하더라도 결국 하나님이 그의 삶을 거두어 가신다는 것입니다. 우리에게 진정한 삶을 주실 분은 초월의 하나님, 은혜의 하나님이지 우리 스스로 만들어 낸 부가 우리의 삶을 보장하지 않는다는 것입니다. 바보 부자의 비유를 통해 예수는 그렇게 말합니다.

우리가 "우리에게 일용할 양식을 주시옵소서"라고 기도하는 자라면 그날그날 하나님의 하나님 노릇 해주심에 의지해서, 광야 이스라엘의 경험으로 표현한다면 그날의 만나 내려 주심에 의지해서 사는 삶의 자세로 살아야 한다는 것입니다. 하나님을 의지해서 사는 삶의 자세의 내용은 무엇입니까?

예수의 가르침에 의하면 첫째로 근심하지 않는 태도입니다. 마태복음 6장 22–34절까지의 말씀 중에서 걱정하지 말라는 말을 세 번 되풀이합니다. 25절, 28절, 31절입니다.

"무엇을 먹을까 무엇을 입을까 걱정하지 말라. 공중에 나는 새를 보라. 창조주 하나님께서 어떻게 먹이시나 생각해 보라. 새는 일을 하지 않는다. 또 들의 백합화를 보라. 그것도 일을 하지 않지만, 하늘에 계신 너희 아빠가 어떻게 그것을 솔로몬보다 더 화려하게 옷 입히는가 보라. 공중의 새와 들의 꽃에서 초월의 하나님이 우리에게 은혜로운 하나님 노릇 해주심을 배우라. 우리 인생은 진정 거기에 달려 있다."

"하나님 나라가 오소서"라고 청원한 다음에 드리는 "우리에게 일용할 양식을 주시옵소서" 기도는 과거 출애굽 백성들이 그날그날 하나님의 하나님 노릇 해주심을 의지해서 살았듯이, 우리도 오늘 우리에게 하나님 노릇 해주심에 의지해 살겠다는 서약을 함께 담는 것입니다. 즉 "우리에게 양식을 주시옵소서"라는 기도는 "우리의 생명을 지탱해 주시옵소서, 초월의 하나님만이 우리에게 생명을 주실 수 있는 분입니다"라는 신앙 고백을 함께하는 것입니다.

양식 청원은 하나님 신뢰의 신앙 고백이다

정리하면 "우리에게 양식을 주시옵소서" 청원 속에는 첫째로 기도하는 사람의 신앙 고백이 들어 있습니다. 초월의 하나님, 은혜의 하나님이 하나님 노릇 해주심에 의해서만 나의 생명이 가능하다는 것이 전제되어 있습니다.

둘째로, "이제 나는 이 양식 청원에 담겨 있는 신앙 고백대로 살겠습니다" 하는 서원이 들어 있습니다.

셋째로는 우리에게 그런 양식을 달라는 청원이 들어 있습니다. 그러므로 욕심을 내어 만나를 많이 거둔 출애굽 때 이스라엘 사람들처럼 해봐야 소용이 없습니다. 누가복음 12장에 나오는 예수의 바보 부자 비유로 말한다면, 이 땅에서 많이 거두려고 해봐야 소용 없는 일이라는 것입니다. 그것이 생명을 가져다 주지 않는다는 것입니다. 이것이 의미하는, 우리 인간의 좀더 근원적인 실존의 모습은 아담 안에서 나타나는바 자기의 일로 자기의 생명을 얻으려고 하는 것입니다. 그런데 도무지 그것은 인간에게 가당치 않은 일이라는 것입니다.

인간이 자기의 일로 자기의 생명을 얻으려는 것을 가만히 생각해 보십시오. 인간은 이것을 '문화' 라고 합니다. 우리가 과학을 발달시키고 그 과학을 생산 수단의 기술로 전환해서 먹을 것, 입을 것, 쓸 것 등 많은 소비재를 만들어 내게 되었습니다. 이것을 소위 산업 혁명이라고 합니다. 과학을 생산 수단의 기술로 전환해서 소비재를 많이 만들어 냈습니다.

우리의 삶이 그만큼 확대된 것은 사실입니다. 그만큼 풍요로워졌습니다. 농업 혁명으로 전에 논 한 마지기(200평)에서 가령 쌀 다섯 가마니가 나왔다면 지금은 그 세 배가 나옵니다. 아시아의 기근이 해소되었습니다. 우리의 삶이 그만큼 풍성해졌고, 공산품의 증가로 우리의 삶이 그만큼 확대된 것이 사실입니다. 교통 통신 수단의 증가로 우리의 공간적 제약과 시간적 제약이 많이 극복된 것 또한 사실입니다.

한국에 와서 놀란 것 가운데 하나는 누구나 셀룰러폰(핸드폰)을 하나씩 들고 다닌다는 것이었습니다. 미국에는 없는 현상입니다. 그런데 제가 아는 어떤 분은 이 핸드폰을 들고 다니면 전화의 노예가 되는 것 같아 사용하지 않습니다. 이것이 우리에게 시사하는 바가 무엇입니까? 우리의 삶을 증진하는 우리의 일의 열매, 즉 과학 기술의 열매가 우리의 삶을 확대시켜 주기만 하는 게 아니라는 것입니다. 그것은 동시에 우리의 죽음도 증진시킵니다. 핸드폰의 경우에서는 우리를 더 노예화하는 것으로 죽음을 증진시키는 측면이 나타난 것입니다. 우리의 삶을 증진시켜 주는 전화가 동시에 우리를 더 노예화하기도 한다는 것입니다.

소위 인간 문화의 양면성 곧 삶을 증진시키면서도 동시에 죽음도 증진시킨다는 것을 설명하기 위해 저는 통신 수단의 발달을 종종 예로 듭니다. 통신의 발달은 시간과 장소의 제한을 극복하게 하여 우리의 자유를 실제로 엄청나게 확대하였습니다. 하지만 이로 인해 안방에까지도 도청 장치를 설치할 수 있고 급기야 부부간에도 자유롭게 대화하지 못하는 세상이 되었습니다. 앞으로는 머리 속으로 생각하는 것을 읽어 내는 장치까지 나오지 않을까 합니다. 안방은 고사하고 자기 머리 속조차 자유를 위협당할지도 모릅니다.

도대체 우리는 과학 기술을 진정한 발달이라고 할 수 있을지 깊이 회의하지 않을 수 없습니다. 우리의 일상을 편리하게 하고 우리의 삶을 확대한 산업 혁명이 동시에 공해와 자연 고갈과 삶의 물질화를 초래했고, 이로 인해 그만큼 죽음을 확대했고 고난을 확대한 것입니다. 죽음의 그림자가 드리워져 있지 않은 인간의 열매란 없습니다.

문명 낙관론, 있을 수 없다

인생의 모든 일의 열매를 통해 아담은 자기가 양식을 얻을 수 있다라고 보았습니다. 자기가 자기 생명을 지탱하고 확대할 수 있다고 보았습니다. 그러나 인간의 일의 열매는 항상 삶을 확대하는 면이 있지만 죽음도 그만큼 확대하게 되어 있습니다. 항상 삶과 죽음의 양면을 가진 변증법적 실제를 가져옵니다. 죽음의 그림자 없는 삶만 확대할수는 없습니다. 이것이 바로 인간이 자기의 일로 자기의 생명을 확보하지 못한다는 증거입니다.

문명사적으로 보면, 인간은 한동안 문명 낙관론에 빠져 과학을 발달시키고 생산 기술로 확장시켜 나가면 삶도 확대되리라는 문명 낙관론의 길로 달려갔습니다. 그러다 어느 순간 그것이 삶만 확대한 게 아니라 죽음도 확대한다는 것을 깨닫기 시작했습니다. 과학이 우리에게 삶만 확대한 것이 아니라 첨단 무기도 발달시켜 베트남에서의 살상과 온갖 전쟁에서의 엄청난 죽음을 가져오고 지구를 몇 백 번 파괴하고도 남을 핵무기로 우리의 생존을 위협하고 있습니다. 죽음을 그만큼 확대시킨 것입니다.

이 점을 깨닫자 사람들은 반문명 운동을 일으켜 문명을 비판하고 자연으로 돌아가자는 낭만주의 운동을 벌입니다. 자연으로 돌아간다고 해서 자연에 구원이 있습니까? 거기에도 구원은 없습니다. 문명사적으로 가장 최근에 낭만주의 운동으로 벌어진 것이 1960년대 말부터 1970년대 초까지의 히피 운동입니다. 지상의 낙원을 약속하며 시작한 공산주의 운동이 비참한 몰락으로 실패했듯이 자연으로 돌아가자는 운동을 벌인다 해도 거기에는 구원이 없습니다. 있을 수가 없습니다.

그러므로 이 만나 이야기는 우리가 하나님의 초월에서 은혜로 오는 양식에 의해서만 삶이 가능함을 보여 줍니다. 예수의 하나님 나라 복음의 선포도 마찬가지입니다. 하나님의 '초월'로부터 은혜로 오는 통치에 힘입어 우리는 비로소 참 양식 얻음을 가르치는 것입니다. 하나님으로부터만 우리의 생명이 오고 하나님의 은혜에 의지하는 자세로만 살아야 함을 가르치는 것입니다. 바보 부자나 아담같이 나의 일의 열매로 살려는 태도를 지양하고 하나님의 초월의 은혜에서 오는 그 양식으로 살겠다고 고백하는 것이며, "오늘 나에게 양식을 주시옵소서"라고 청원하는 것입니다.

은혜를 의존하는 것이 안식일적 삶이다

나의 스스로의 힘으로 살지 않고 하나님의 초월로부터 은혜로 오는 것을 의지해 살겠다는 것은 성경이 말하는 또 하나의 중요한 개념입니다. 이것은 안식일을 지키는 태도로서, 안식일적 삶입니다. 이것을 잘 설명해 주는 것이 바로 예수가 안식일에 한 치유 사건들입니다.

예수께서는 주로 안식일에 병자들을 치유하셨습니다. 우리가 앞서 생각해 보았듯이, 치유는 예수가 선포하고 실현하는 하나님 나라의 구체적인 실현의 모습입니다. 치유는 예수가 선포하는 하나님 나라에 대한 일러스트레이션(illustration)이며, 주석입니다. 즉 하나님의 구원의 통치가 우리를 온전케 한다는 것을 그림으로 그려 주는 것이고 그에 대한 해설서라고 할 수 있습니다. 다른 말로 하면, 하나님의 구원으로 인해 우리 가운데 일어나는 하나님의 통치의 실제화입니다. 그것을 위해 치유한 것입니다. 그런데 그 일을 주로 안식일에 하십니다. 바로 이것이 적대자들과 가장 크게 대립하는 이슈가 됩니다.

사복음서를 읽으면서 왜 꼭 안식일에 치유 활동을 했는지 생각하게 됩니다. 성격이 좀 짓궂어서 바리새인들과 서기관들을 골탕 먹이려고 그랬을까요? 아니면 그들의 신경을 긁어 시비라도 걸려고 그런 것일까요? 아닙니다. 일부러 안식일에 치유를 베푼 데는 깊은 신학적인 이유가 있습니다.

안식일이라는 게 도대체 무엇입니까? 안식일은 엿새 동안 진행된 하나님의 창조 사역의 완성에서 시작된 것입니다. 따라서 하나님의 창조의 완성에 대한 축하(celebration)가 참된 안식입니다. 하나님의 창조 사역이 완성되었기 때문에 이루어진 심히 좋은 상태를 축하하는 것이 안식입니다. 그러므로 안식이란 근본적으로 더 이상 하나님이 하셔야 할 일이 없어진 상태와 관련된 것입니다. 그래서 하나님이 편히 쉬셨습니다.

그런데 여기 하나님의 쉼에 문제가 발생했습니다. 하나님의 형상을 따라 지음 받은 아담이 사탄의 속임수에 빠져 하나님이 공급해 주시는 양식으로 사는 삶을 거부하고 자신이 자기에게 하나님 노릇 하겠다고 반역한 것입니다. 자기가 일을 해서 스스로 양식을 얻겠다는 것입니다. 문제는 아담적 삶이 진정한 삶을 가져다 주는 것이 아니라, 기껏해야 삶과 죽음의 변증법적인 열매만을 만들어 낼 뿐이라는 것입니다. 인생이 지금 이런 상태에 있는 것입니다. 하나님의 창조 사역으로 완성된 피조 세계가 고장이 난 것입니다. 하나님이 하셔야 할 일이 생긴 것입니다. 이제 하나님에게 진정한 안식이 없게 된 것입니다.

아담적 삶을 중지하라

십계명의 제4 계명인 안식일을 지키라는 말은 무슨 뜻입니까? 첫째로, 태초에 온전한 창조(심히 좋은 상태)를 기념하고 종말에 하나님이 사탄의 나라를 극복하고 다시 한번 심히 좋은 재창조를 이루었을 때 거기에 비로소 진정한 안식이 있음을 바라보게 하는 것입니다. 종말에 이루어질 안식(재창조)을 고대하는 의미로 제4 계명 안식일을 지키라는 것입니다.

그러므로 안식일을 지킨다는 것은 아담적 삶을 중지하는 것을 의미합니다. 아담적 실존이 올바른 삶이 아니기 때문입니다. 자기가 자기에게 하나님 노릇 하겠다는 태도는 자기가 자신의 일로 자기의 생명을 얻으려는 것으로, 결국 자력 구원이기 때문입니다. 안식일을 지킨다는 것, 즉 종말에 이루어질 안식을 고대한다는 것은 아담적 삶이 가능하지도, 올바르지도 않은 어리석은 태도임을 고백하는 것입니다. 하나님 의존의 삶을 버리고 자기 주장 의지로 살라고 유혹하는 사탄의 나라를 멸하고, 예수 그리스도 안에서 완성될 하나님 나라는 바로 아담적 삶이 종식되고 하나님을 '아빠'로 부르는 관계가 완전히 회복됨으로써 참된 안식이 회복되는 곳입니다.

그런데 하나님의 나라가 완성되지 않은 현재와 같은 타락의 질서 속에서는 매일매일 자기 주장을 하고 일을 하여 생명을 얻을 수밖에 없습니다. 그런 가운데 살면서도 우리는 하나님을 인정하고 하나님의 하나님 노릇 해주심에 의해서만 우리의 진정한 생명이 가능함을 신앙 고백하는 날이 바로 안식일입니다. 그래서 생업을 중단하는 것입니다.

일주일에 하루인 주일, 우리의 일상 생업을 중단한다는 것은 자신의 일로 자신의 생명과 안녕과 행복을 확보하겠다는 그 아담적 삶을 부인하는 태도이며, 나의 생명의 진정한 주인은 하나님이시고 나는 하나님을 의지해서만 생명을 누린다는 고백을 이미 내포하는 것입니다. 이것은 안식일 하루에만 그렇게 고백하며 사는 것이 아니라 나머지 엿새 동안도 안식일적 태도로 산다는 것을 의미합니다.

내가 내 일로 말미암아 나의 생명을 얻을 수밖에 없는 타락의 질서 속에 지금 살고 있다 하더라도, 나의 일을 절대화하지 않고 물질을 우상화하지 않는 삶으로 나타납니다. 나의 구원은 오로지 하나님께로서만 온다고 주장하면서 사는 것입니다. 즉 엿새 동안의 삶에도 안식일의 의미가 적용됨으로써 사실상 하루하루를 안식일로 사는 것입니다. 우리의 일을 상대화하고 우리 일의 열매를 상대화하여 날마다 "오늘 나에게 일용할 양식을 주시옵소서" 하면서 나의 생명이 하나님께로서 온다는 신앙 고백을 하면서 살아야 합니다.

예수는 종말에 완성될 하나님의 통치를 지금 선포하면서 그 종말의 재창조를 통해 우리를 심히 아름답게 한다고 약속합니다. 고장 난 우주를 고쳐서 심히 아름답게 할 치유를 선포하는 분으로 그것을 지금 여기 안식일에 치유함으로써 종말에 안식을 가져오는 분임을 벌써 드러내 보이는 것입니다. 그래서 주로 안식일에 치유합니다.

어쨌든 태초에 안식을 누리게 하던 온전한 창조를 기념하고 동시에 종말에 있을 하나님에 의해 이루어질 온전케 함을 갈망하기 위해 모인 회당의 안식일 예배 모임에 손 마른 자가 나타난 것입니다. 이 안식일에 손 마른 자 혹은 38년 된 중풍병자가 그 곳에 있다는 것이 무슨 뜻입니까?

이것은 원래의 안식일이 현재는 결코 더 이상 없다는 것을 극적으로 보여 줍니다. 원래의 안식일은 심히 아름다운 창조, 아무 부족함이 없는 하나님의 창조 사역의 완성을 축하하는 날인데, 그 안식일에 지금 손 마른 자가 있는 것입니다. 이것은 원래 안식일이 없음을 나타내는 것입니다.

그래서 지금 손 마른 자의 나타남은 무엇을 보여 주는 겁니까? 하루 빨리 고장난 우주가 치유되고 재창조가 일어나서 심히 아름다운 상태가 됨으로써 진정한 안식이 다시 이루어져야 하겠다는 것을 드라마틱하게 말하며, 동시에 원래의 안식을 갈망하게 하는 것입니다.

바로 이 순간에 예수께서 손 마른 자를 고친 것입니다. 예수는 자신이 바로 종말에 온 우주에서 죽음을 몰아내고 모든 인생을 치유하시고 온전케 하시는 그 하나님의 통치를 가져오는 분임을 시위하기 위해 주로 안식일에 치유하는 것입니다. 그 시위와 함께 우리에게 그가 요구하는 삶의 자세는 "여기 지금 당신의 나라가 임하게 하소서, 그래서 우리가 당신의 하나님 노릇 해주심에 응답하게 하소서, 아담적 삶의 자세인 나의 일과 이웃에 대한 자기 주장을 통해 그 열매로 내가 살겠다는 그런 삶의 자세를 지양하고 창조주 하나님의 초월에서부터 오는 은혜로 그 하나님의 하나님 노릇 해주심에 의해 살겠습니다"라고 하는 것입니다.

그것만이 생명이라고 신앙 고백하고 그 신앙으로 살겠다는 것입니다. 서약하는 것이고 그런 은혜를 베풀어 달라고 청원하는 것입니다. 그러므로 "오늘 일용할 양식을 주소서"라고 청원하는 사람은, 부정적으로 말하면 아담적 삶의 자세 즉 아담적 실존을 지양하는 것이며, 자기의 일에 절대적 의미를 부여하고 그 일의 열매를 우상화하고 그것에서부터 삶을 얻으려는 자세를 지양하는 것입니다.

자신을 스스로 보장하는 바보짓

"일용할 양식을 주시옵소서"에 대한 구약의 직접적 배경은 출애굽기 16장의 만나 이야기입니다. 하나님을 믿지 못해 날마다 내려 주시는 하나님의 양식을 의지하여 살도록 훈련받아야 하는 이스라엘 백성들이 더 많이 얻으려다가, 즉 자기의 안전을 위해 자기 자신이 양식을 확보해 두려다가 만나가 썩어져 나가는 것을 체험해야 하던 삶의 자세를 지양하겠다는 것입니다. 광야의 이스라엘 백성들처럼 만나를 확보하고자 하던 삶의 자세를 가진 사람이 예수의 비유에 의하면 바로 바보 부자입니다.

오늘날 우리가 진정으로 "당신의 나라가 임하게 하소서" "우리에게 일용할 양식을 주시옵소서"라고 기도한다면, 그것은 아담적 실존을 지양하고 만나에 의지해서 살고자 하는 삶 곧 날마다 하나님의 초월에서 오는 은혜 베풀어 주심에 의지해서 살겠다는 의미입니다. 다른 말로 하면 안식일적 삶의 자세로 살겠다는 것입니다.

그런데 우리가 만일 이런 삶의 자세, 곧 "당신의 나라가 임하게 하소서"와 함께 "오늘 나에게 일용할 양식을 주시옵소서"의 삶의 자세로 산다고 합시다. 즉 마태복음 6장에 나오는 것처럼 공중에 나는 새를 보고 하나님의 하나님 노릇 해주심을 상기하고 들에 핀 백합화를 보고 하나님의 초월의 은혜의 하나님을 생각하고 그 하나님을 의지해서 살려고 하는 삶의 자세를 갖는다고 해봅시다. 우리 사회가 어떻게 변모되겠습니까?

반대로 말하면, 아담적 삶의 자세인 자기 일을 절대화하고 일의 열매에서 '삶'을 얻으려고 하는, 그래서 결국 맘모니즘에 빠지는 삶은 우리에게 삶을 주지도 않을 뿐 아니라 기껏해야 삶과 죽음의 변증법적인 열매만 줄 뿐입니다. 즉 우리가 돈을 많이 벌면 그 돈이 우리로 하여금 우리의 자유를 확대한 것이 사실이지만, 동시에 돈이 많으면 속박이나 죽음과 공포가 더 많아지는 게 우리의 실존이라는 것입니다. 기껏해야 항상 죽음의 실제가 드리워져 있는 삶과 죽음이 동시에 옵니다. 그런데 바로 그 맘모니즘은 항상 이웃을 착취하게 합니다. 그래서 부의 불공정한 분배, 불의, 원한, 복수 등이 연속되어 악순환하게 됩니다.

제가 가끔 아담적 실존을 말할 때, 한국의 40대 가장들을 예로 들곤 합니다. 우리 나라 40대 남자 사망률이 전세계에서 가장 높다고 하는데, 아마도 죽어라 일하니까 죽는 게 아닐까요?

특히 미국에 이민 간 사람들은 많은 경우 자녀들의 교육 때문인데, 자녀들은 팽개쳐 놓은 채 아침 5시부터 저녁 12시까지 죽어라 일을 합니다. 그러다가 정말 죽습니다. 암 걸려 죽고 심장병으로 죽고 말입니다. 자식들은 부모의 돌봄과 사랑의 대화가 부재 가운데서 망가지기도 합니다. 가족도 망가집니다. 그런데 왜 그렇게 죽어라 일합니까? 궁극적으로 일이 자기를 구원한다고 생각하기 때문입니다. 일의 열매로 얻게 되는 돈이 행복을 가져다 준다고 생각하기 때문입니다.

영성조차 물질화되는 현실은 위기다

참 재미있는 이야기가 하나 있습니다. 하인리히 뵐(Heinlich Böll)이라는 노벨상을 받은 독일의 유명한 소설가가 있습니다. 그가 쓴 「젊은

날의 빵」이라는 책을 대학 시절 독일어로 읽게 되었는데, 참 어렵기도 했지만 얼마나 큰 감동을 받았는지 모릅니다. 그의 글 중에서 짧은 이야기를 간단히 각색해서 소개하겠습니다.

어떤 독일 사람이 스페인에 관광을 갔습니다. 북유럽에 사는 사람들은 일조량이 적기 때문에 여름이면 지중해 연안으로 휴가 가는 것이 거의 모든 사람들이 1년 내내 기다리는 목표일 정도입니다. 독일을 가 보면 그런 말을 흔히 들을 수 있는데, 독일 사람들에게 무엇을 위해 1년 내내 열심히 일하는가 물어 보면 스페인이나 이탈리아로 휴가 가기 위해서 일한다고 말할 정도입니다.

그 독일 관광객이 일 년 내내 일을 많이 해서 돈을 모아 스페인으로 휴가를 갔습니다. 그 아름다운 바닷가에 허름한 차림의 어부가 테가 큰 모자로 푹 눌러쓰고 배 위에서 쉬고 있는 것을 만났습니다. 그래서 이 관광객은 푸른 하늘과 푸른 바다 그리고 넓은 백사장을 배경으로 사진을 몇 장 찍고는 그 뱃사람에게 가서 묻습니다.

"고기는 많이 잡았소?"

"고기를 많이 잡았소."

"얼마나 잡았소?"

"대구 여섯 마리 잡고 고등어 이십여 마리 잡았소."

"열 시도 안되었는데 그렇게 많이 잡았소?"

"그렇소."

"아, 그럼 또 가서 열심히 잡지 않고 왜 이렇게 쉬고 있소? 오늘 하루 종일 적어도 서너 배는 더 잡을 것 아니겠소. 그러면 곧 얼마 안되어 당신도 아마 훈제 공장도 차릴 수 있고 회사도 차릴 수 있을 거요."

"그렇게 해서 훈제 공장 차리고 유통 회사를 차리면 뭐합니까?"

그랬더니 이 관광객이 또 말합니다.

"아, 그렇게 되면 당신은 직원들에게 다 맡기고 이렇게 아름다운 곳에 와서 바다를 즐길 수 있지 않소!"

그러니까 이 어부가 이렇게 말하더랍니다.

"아, 이보시오. 내가 지금 그렇게 하고 있는데 당신 무슨 소리 하는 거요."

이 얼마나 진리가 담긴 아담적 삶의 허황된 꿈을 보여 주는 이야기입니까? 이것이 사탄이 우리에게 넣어 주는 것입니다.

우리 한국 사람들이 절대 빈곤에 살던 사람들이라서 그런지 더 더욱 이런 아담적 삶에서 벗어나지 못하는 것 같습니다. 우리 신자들도 교회에서 날마다 "우리에게 일용할 양식을 주시옵소서"라고 기도하면서 하나님에 대한 전적인 헌신과 하나님에 대한 의지, 초월에서 은혜로 내게 오시고 내게 하나님 노릇 해주시는 그 하나님을 의지함이 없습니다. 심지어 공중에 나는 새를 먹이시고 들에 피는 백합화를 입히시는 그 하나님에 대한 의지 가운데 날마다 그 하나님의 하나님 노릇 해주심에 대한 의지, 그분을 위해서 살려는 안식의 자세는 없고, 날마다 내 일과 내 일의 열매를 우상화해서 죽어라 일해서 결국 죽는 것 아닙니까?

그러다 보니 우리 기독교 신자들의 신앙도 물질화되어 교회 안에서조차 어떤 사람이 하나님의 축복을 받았다고 생각합니까? 이웃을 착취하든지 말든지 수단과 방법 가리지 않고, 이웃을 섬기는 직업이든지 이웃에 독을 팔든지 무슨 짓을 해서라도 돈을 많이 벌면 하나님이 축복했다고, 심지어 신앙이 좋아서 하나님이 복 주셨다고들 여기지 않습니까? 이렇게 우리의 영성까지도 물질화되는 상황까지 벌어지게 된 것입니다.

그렇다면, 우리가 날마다 "당신의 나라가 임하게 하소서, 오늘 우리에게 일용할 양식을 주시옵소서"라고 기도한다 하더라도 이런 기도를 하는 사람들이 사실은 자신이 하는 기도의 내용대로 기도를 하지 않는 것과 마찬가지입니다. 입으로는 주님이 가르쳐 주신 그 기도를 한다고 할 수 있을지 몰라도 실제로는 그 기도를 하지 않는 것입니다. 실제로는 하나님의 하나님 노릇 해주심에 의지해서 사는 것이 아니고 자기 힘으로 살아갑니다. 무엇을 위해서 그렇게 하고 있습니까? 결국은 자기의 욕심을 위해서 사는 것입니다. 그래서 우리가 다 아담같이 되고 예수님의 바보 부자 비유같이 되는 것입니다.

맘몬의 길은 슬픔의 길이다

예수의 또 하나의 비유가 있습니다. 누가복음 18장에서 예수는 어떤 부자 이야기를 하고 있습니다. 누가는 어릴 적부터 모든 계명을 지킨 어떤 부자 이야기를 한 다음, 이것을 19장의 삭개오 이야기와 대조시킵니다.

부자는 어렸을 때부터 모든 계명을 다 지켰습니다. 반면 삭개오는 물질주의 맘모니즘에 빠져 자기가 세관인 것을 이용해 이웃을 착취하는 사람입니다. 예수는 이 두 사람에게 다 함께 하나님 나라의 복음을 선포합니다. "너의 맘몬 곧 물질이 너에게 구원을 가져다 준 것이 아니고 초월의 하나님의 아빠 노릇 해주심, 그분의 은혜 베풀어 주심에 구원이 있다"고 선포한 것입니다. 맘모니즘을 청산하라는 것입니다. 하나님과 맘몬을 겸하여 섬길 수 없다는 것입니다.

마태복음 6장 24절에 보면 누구도 하나님과 맘몬을 겸하여 섬길 수 없다고 말합니다. 맘몬을 의지하는 자는 하나님을 의지하지 않는 것입니다. 맘몬을 사랑하는 자는 하나님을 사랑하지 않기 때문입니다.

그런데 삭개오는 이 복음을 받아들입니다. 예수의 복음을 받아들임은 곧 자신이 의지하던 맘몬을 포기한다는 것을 의미합니다. 삭개오는 이제 맘모니즘을 청산하였음을 나타내기 위해 재산의 반을 팔아 갚아 주었습니다.

이처럼 맘모니즘 숭상은 이웃 착취로 나타나는 데 비해 맘모니즘 청산은 이웃 사랑으로 나타납니다. 더 나아가 자기가 지금까지 착취한 것은, 신명기 법에 의하면 두 배로 갚아야 하는데 네 배로 갚겠다고 말합니다. 맘모니즘을 청산한 것이 하나님께 대한 혼신을 다하는 사랑과 이웃을 내 몸같이 사랑하는 것으로 나타난 것입니다.

이 둘을 예수는 하나님 나라의 법으로 내세웠는데, 삭개오는 우리에게 '사랑의 이중 계명으로 오는 하나님의 통치'를 구체적으로 받아들인 것을 표현합니다. 그에게 하나님의 나라가 임한 것입니다.

예수께서 이르시되 오늘 구원이 이 집에 이르렀으니 이 사람도 아브라함의 자손임이로다(눅 19:9).

하나님의 나라가 치유의 형태로 임한 것입니다. 하나님의 구원이 그 사람에게는 치유로 나타난 것입니다. 하나님과의 올바른 관계 회복과 이웃과의 관계 회복, 원한과 증오와 복수로부터의 해방 등으로 나타난 것입니다. 구원이 자유로 나타난 것입니다. 양심의 자유, 관계에서의 갈등으로부터의 자유로 나타난 것입니다. 화평으로 나타나는 것입니다.

반면, 부자 청년은 하나님과 맘몬의 갈림길에서 맘몬을 택하고 맙니다(막 10:17-27; 눅 18:18-27). 그래서 그는 슬피 자기의 맘몬으로 돌아가 버립니다. 자기에게 구원을 약속한다고 믿는 맘몬으로 말입니다. 그러나 그것은 어디까지나 사탄의 속임수에 불과합니다. 이 청년의 결정과 행동은 무엇입니까? 예수의 또 하나의 비유인 바보 부자 이야기는 그것이 구원의 길이 아니라 바보짓이라고 말합니다(눅 12:15-21).

우리가 지금 어떤 상태로 살아가고 있습니까? "당신의 나라가 임하소서, 오늘 우리에게 일용할 양식을 주시옵소서"라고 진정으로 기도하면서 사는 자세는 바로 삭개오가 결정한 삶의 자세를 말합니다. 아담적 실존을 지양하고 안식일을 지키는 자세입니다.

그러므로 우리는 자신의 안녕과 행복이 초월의 하나님, 우리에게 아빠 노릇 해주시는 하나님으로부터 옴을 고백하면서, 동시에 이 타락의 질서 속에서 일하여 그 일의 열매를 얻어 살 수밖에 없지만 우리의 일을 과격히 상대화해야 합니다. 절대적 의미를 부여하지 않아야 합니다.

우리에게 맘모니즘의 탐욕이 자라지 않도록 해야 합니다. 맘모니즘의 탐욕은 곧 하나님에 대한 신뢰가 약화된 것이고 맘몬에서 안녕과 행복을 확보하려고 하는 것입니다. 맘몬은 항상 이웃 착취로 나타납니다. 하나님과의 관계가 어지러워지고 이웃과의 관계가 어지러워짐니다. 결국 사회에 불의로 나타나고, 앞에서 말한 대로 죽어라 일하다가 죽고 마는 것입니다.

그러므로 "당신의 나라가 임하게 하소서, 우리에게 일용할 양식을 주시옵소서"라고 그리스도인들이 참으로 기도한다면, 이 사회가 변하고 우리의 몸도 더 건강해질 것입니다. 두루두루 진정으로 더 나은 사회가 될 것입니다.

어떤 사람은 너무 많이 먹어 비대해지고, 어떤 사람은 먹을 것이 없어 죽는 일도 줄어들 것이며, 자연에 대한 착취도 적어질 것입니다. 하나님과 우리, 우리와 이웃, 우리와 우리의 환경이 잘 사는 사회가 될 것입니다. 그것이 바로 안식일을 지키는 태도로 사는 삶을 통해 가능합니다. 내가 나의 일로 나의 생명과 안녕을 확보하겠다는 것을 포기하고, "당신의 나라가 임하소서" 즉 '초월'에서 '은혜'로 오시는 하나님의 통치를 받아 하나님의 하나님 노릇 해주심에 의지해 살겠다는 자세를 가지고 살 때 비로소 하나님의 구원이 우리에게 이루어짐으로써 이러한 일은 가능합니다.

다음 마지막 장에서는 하나님의 나라가 어떻게 임하시는지, 죄에 대한 청원은 어떻게 이해해야 하는지 등에 대해 살펴보도록 하겠습니다.

5

주기도문 강해

하나님을 사랑하고 이웃을
사랑하라

앞장에서 우리는 하나님의 나라가 우리에게 하나님의 초월에서 은혜로 온다는 것과 하나님 나라 오심과 그 하나님으로부터 일용할 양식을 얻는 삶의 자세를 생각해 보았습니다.

주기도문을 드리는 사람들의 삶의 자세는 우리의 아담적 삶의 자세를 지양하고 하나님의 초월로부터 하나님의 은혜로 오는 삶의 자세로 살아야 된다는 것을 확인했습니다. 그것은 곧 만나에 의존해서 사는 삶의 자세이기도 합니다. 아담적 삶의 자세는 우리에게 구원을 주고 삶을 주는 것 같지만, 그것은 바로 사탄적 유혹이며, 기껏해야 죽음과 함께 오는 삶을 확대하는 것일 뿐이고, 더구나 궁극적인 구원은 되지 못합니다. 하나님을 떠나 자기를 스스로 주장하려는 삶의 자세 때문에 사회적 불의도 일어나는 것이고, 인간 관계가 갈등의 관계가 되고, 우리 모두가 지금과 같은 살벌하고 스트레스 많은 사회의 삶이 더욱 심화되는 것입니다.

우리 그리스도인들은 정말로 하나님 나라의 임함을 간구하며 하나님께 양식을 구하는 태도, 즉 하나님께 의지하고 하나님께 바라는 자세로 살아야 합니다. 우리의 일의 열매를 상대화할 줄 알아야 합니다. 다른 말로 하면 안식일을 지키는 삶의 자세입니다.

하나님 나라의 은닉성과 필연성을 배우자

하나님 나라는 어떻게 오는지와 더불어 그 다음 청원인 "우리의 죄를 용서하여 주시옵소서"라는 말을 함께 묵상하려고 합니다. 하나님 나라는 사랑의 이중 계명의 요구로 옵니다.

여기서 먼저 예수님의 비유들을 생각해 볼 텐데, 먼저 겨자씨 비유를 봅시다. 하나님 나라는 겨자씨와 같다고 합니다. 겨자씨를 비롯한 많은 씨의 비유들이 다 사실 같은 내용을 담고 있는 것인데, 여기서 누룩의 비유도 "너희는 세상의 소금이다"라는 산상수훈의 서문과 함께 생각해 볼 수 있습니다. 이것들의 공통점이 무엇입니까? 첫째는 은닉성입니다. 아주 조그마하게 시작한다는 것입니다. 신앙의 눈에만 보이지 그렇지 않은 사람에게는 보이지도 않습니다. 감추어진 성격의 것입니다.

예수님 당시를 생각해 보십시오. 당시 로마 제국에 비하여 예수의 하나님 나라 운동은 갈릴리 어부들 몇몇과 여자들 몇과 시작한 것으로, 이 운동은 정말로 눈에 겨우 보일까 말까 한 겨자씨 같았습니다. 보일락 말락 한 작은 것이었습니다. 큰 반죽 덩어리에 묻혀 있는, 겉으로 보기에는 없는 듯한 누룩같이 희미한 것입니다.

그러나 그것들은 필연적으로 자라게 되어 있습니다. 즉 필연성을 특성으로 합니다. 왜 그렇습니까? 겨자씨에는 생명이 있기 때문입니다. 아무리 작다 하더라도, 아무리 하찮은 모습으로 시작한다 하더라도 생명이 있다면 자라게 되어 있습니다.

인간들의 반대가 아무리 심하고, 사탄의 방해가 어떠하더라도 창조주이시며 역사의 주인이신 하나님의 통치하심이 있기 때문에 필연적으로 자라게 되어 있다는 것입니다.

그것은 점진적으로 자랍니다. 누룩이 점진적으로 퍼져서 온 반죽덩이 전체를 변화시키는 것처럼 예수의 하나님 나라 복음은 온 세상에 구원을 가져오는 것임을 말하고 있습니다. 겨자씨는 외연적 성장을 말하는데, 큰 나무가 숲을 이루어 많은 새들(예수의 비유에 나타나는 새들이란 모든 민족들을 나타내는 용어이며 다니엘서 2장에 기초를 둔 랍비들의 숙어임)에게 구원의 안식처를 얻게 한다는 것을 상징합니다.

누룩의 비유는 무엇을 말합니까? 내면적 성장을 말합니다. 가치관의 변화, 관계(하나님과 사람들의 관계, 사람과 사람들의 관계, 사람과 환경의 관계)의 변화를 말합니다. 이 세상을 살 맛 나게 한다는 것입니다. 즉 소금 노릇 한다는 것과 마찬가지입니다. 이렇게 온 세상에 구원을 가져온다, 하나님의 나라가 온다는 것입니다.

물론 예수님의 재림과 함께 완성될 하나님 나라에 대해서는 묵시문학적 언어를 써서 우리에게 갑자기 당도할 도둑같이 오리라고 말합니다. 예수님은 노아의 예를 들어 설명합니다. 예기치 않는 때 갑자기 온다는 것을 분명히 말합니다. '종말' 에 이루어질 하나님 나라의 완성에 대하여 표현하면서, 동시에 제자들에게 강조하는 또 한 측면은 '지금' 그 제자들과 더불어 성장해 가는 하나님 나라입니다. 하나님 나라가 이렇게 온다는 것입니다.

그런데 여기서 하나님 나라가 이렇게 온다고 했을 때 예수께서 대조하는 것 가운데 하나는 당시 열혈당식 신학, 열심당식 신학에 계속해서 반대하고 있는 점입니다. 즉 무력 혁명을 통해 갑자기 인간들이 다윗 왕조를 재건하고 로마 세력을 몰아내고 이 땅에 다윗 계열의 왕이 대행하는 신정 체제를 이룬다는 것이 당시 열혈당식 하나님 나라 이해였는데, 이것은 하나님 나라라고 볼 수 없다는 것이 예수의 가르침입니다.

이것은 이스라엘이 통치자가 되고 로마를 위시한 이방인들이 피지배자가 되는 것에 불과합니다. 로마 사람들이 통치하고 이스라엘이 피지배자였던 데서 자리 바꿈만 이루어졌을 뿐이기 때문입니다. 억압 구조 곧 착취와 착취 당함의 구조 자체가 바뀐 것은 아니기 때문입니다. 인간의 사회 가운데 '억압'이라는 구조는 그대로 있기 때문입니다.

따라서 이것은 진정한 하나님의 통치, 하나님의 구원이라고 볼 수 없습니다. 그래서 예수님은 열혈당식 혁명 신학에 동조하지 않았고, 그런 프로그램을 제시하지도 않았습니다. 더더구나 그런 무력 혁명을 통해 하나님 나라가 갑자기 한꺼번에 이루어지리라고는 기대하지도 않았습니다.

프랑스 혁명을 배경으로 한 유명한 일화가 있습니다. 왕후 마리 앙뚜아네뜨가 혁명이 무엇이냐고 신하에게 물었습니다. 그 신하의 대답이 걸작입니다.

"마담! 내가 여왕이 되고 당신이 내 시녀가 되는 것이오."

그렇습니다. 아무리 혁명의 기치를 내걸고 시작하는 운동이라 하더라도 지배자와 피지배자의 자리 바꿈만 일어날 뿐입니다. 지배자와 피지배자의 억압과 착취의 구조 자체에는 아무 변화가 없다면 진정한 구원이라고 할 수 없다는 것입니다.

최근 공산주의 혁명이 바로 이 점을 우리에게 잘 보여 줍니다. 프롤레타리아 무산 대중이 지배 계층이 된다면 인간 세상에 유토피아가 생기리라 기대했습니다. 거기에 정말 유토피아가 생겼습니까? 그렇지 않습니다. 프롤레타리아 무산 대중이 이른바 당원이라는 새로운 계급이 되었고, 과거 봉건 영주들이나 지주들보다 더하면 더했지 결코 덜하지 않은 억압과 폭력을 행사하는 것을 보았습니다. 이런 열혈 당식 신학이 오늘날에도 가끔 정치 신학이나 해방 신학으로 나타나는데, 예수님은 여기에 결코 동조하지 않았습니다.

바리새식 경건주의를 극복하라

한편 예수는 하나님 나라가 은닉성과 필연성을 특징으로 온다고 가르침으로써 또 하나 비판한 것이 있는데, 그것은 바로 바리새식 경건주의적 소극주의입니다. 이런 태도에 대해 예수는 반대한 것입니다. 예수는 율법의 근본 정신은 왜곡한 채 율법의 문자에 집착해서 정결 운동(몸가짐을 정결히 하고, 음식을 가리고, 안식일을 문자적으로 지키는 등)만을 열심히 하는 그런 바리새식 소극주의를 비판했습니다.

이 운동에 의하면 하나님의 백성이 되었다는 것 곧 하나님의 통치를 받는다는 것은 겨우 손 닦고 음식 가리는 그런 정도의 소극주의였는데, 예수는 그런 것도 하나님의 통치를 올바로 받는 것이 아니라고 비판합니다. 그런 식으로 율법을 지킨다고 이 사회를 변화시키는 누룩의 힘이 나타나는 것이 아니고, 많은 사람들에게 구원의 안식처를 주는 겨자씨같이 자라지도 않기 때문입니다.

그러면 예수는 무엇을 전제하고 하나님 나라가 이렇게 성장한다고 보았습니까? 예수는 이 전제를 하나님의 법을 사랑의 이중 계명으로 요약하심으로써 가르쳤습니다.

마가복음 12장 25-35절까지 보면 이중 계명이 나옵니다. 첫째로는 하나님에 대한 혼신을 다한 헌신 곧 하나님에 대한 의존과 순종, 하나님에 대한 사랑입니다. 둘째는 이웃에 대한 내 몸 같은 사랑, 즉 이웃 사랑입니다. 이 두 가지는 항상 같이 가는 것을 볼 수 있습니다. 이미 앞에서 우리는 "우리에게 일용할 양식을 주시옵소서"라는 말씀과 더불어 이 첫 계명에 대해 생각해 보았습니다.

이 첫 계명, 곧 '하나님에 대한 사랑'의 반대말은 우상 숭배입니다. 예수는 가장 견고한 우상 숭배는 돌 조각 나무 조각에 절하는 것이 아니라, 맘모니즘 곧 물질주의라고 했습니다. 이 물질주의 맘모니즘을 가장 절실한 형태의 우상 숭배로 보았습니다. 모든 형태의 우상 숭배에는 파괴력이 있습니다. 우리에게 죽음을 가져옵니다. 가장 크게 죽음을 가져오는 것이 이 물질주의 우상 숭배입니다.

오늘날도 마찬가지입니다. 물질주의 때문에 심지어 국가간의 전쟁도 일어납니다. 물질주의의 우상 숭배에 빠지면, 가능하면 돈을 많이 벌어야 그 돈으로부터 나의 안녕과 행복을 확보한다고 믿습니다.

그렇게 되면 우리는 어떤 삶의 자세를 갖게 됩니까? 자연히 이웃 착취의 삶의 자세를 취합니다. 물질주의 우상 숭배는 이웃 착취로 나타납니다.

반면 하나님에 대한 의존과 헌신, 즉 초월의 하나님이 우리의 아빠라고 하는 믿음으로 살면 하나님 아빠로부터 오는 날마다 공급해 주시는 생명의 떡으로 살겠다는 삶의 자세를 갖게 됩니다. 이와 같은 하나님의 무한한 부요를 덧입어 사는 삶의 자세는 우리로 하여금 이웃에 대하여 너그럽고 관대하게 나를 나눌 수 있는 삶의 자세를 갖게 합니다. 이웃 사랑의 자세를 갖게 합니다.

하나님의 통치는 사랑의 이중 계명으로 온다

하나님의 통치는 실제로 오늘 나에게 어떻게 옵니까? 너무도 종종 하나님의 통치가 추상적이고 관념화되고, 무슨 묵시 문학적 개념이라 해서 미래로만 연기된다고 여기다 보니 예수의 가르침과는 상당히 동떨어지게 가르쳐지고 인식되곤 합니다. 그러나 예수는 하나님의 통치가 아주 구체적으로 우리에게 다가온다고 가르칩니다. 매순간의 가치 판단과 윤리적 선택의 순간마다 사랑의 이중 계명으로 지금 나에게 옵니다. 그래서 하나님의 백성인 우리는 매일매일 갈림길에 놓입니다.

예를 들면, 제가 전자 제품을 만드는 사람이라고 합시다. 그러면 사탄은 제게 "이 제품은 100만 원을 받아라"고 합니다. "돈을 많이 벌어야 너의 안녕과 행복을 확보할 수 있다. 자녀들 교육도 잘 시키고 일류 학교 보내고 유학도 보내야 하지 않겠니 …" 등등 말합니다. 돈을 많이 벌어야 하니 100만 원을 받으라는 것입니다.

그런데 하나님은 10만 원만 받으라고 하십니다. 생산가 5만 원에 정당한 이익 5만 원 더해서 10만 원을 받으라는 것입니다. 정당한 이익도 자기 자신의 욕심을 위해서가 아니라 이웃 섬김을 위해서, 서비스 개선을 위해서 즉 재투자를 통한 이웃 섬김을 확대하기 위해 필요한 정당한 이익이라는 것입니다. 제가 만든 전자 상품으로 이웃을 섬기는 것이고 풍요롭게 하는 것이며 그것이 곧 이웃 사랑이라는 것입니다.

이처럼 우리는 매일 선택의 갈림길에 놓입니다. 그리고 여기서 내가 윤리적 선택을 합니다. 사탄의 말을 들을 것입니까? 사탄은 나에게 맘모니즘으로 유혹을 합니다. 돈을 많이 벌어야 안녕과 행복을 확보한다고 말합니다. 반대로 하나님은 그것은 네가 네 이웃을 죽이는 것이고 그것은 동시에 너에게 죽음을 가져오는 길이라고 말씀합니다. 사회에 불의와 갈등과 원한과 복수의 관계를 더 조장하게 된다는 것입니다. 그 길이 생명의 길이 아니기에 10만 원만 받으라고 하십니다. 이웃의 삶을 풍요롭게 하라는 것입니다.

이런 갈림길에 서 있는 내가 하나님의 통치를 받는다는 말은 맘모니즘의 우상 숭배를 거부하고 하나님께 의지하는 것입니다. 내가 의지하는 그 하나님은 공중에 나는 새를 먹이시고 들에 나는 백합화도 입히시는 하나님이시라는 것에 대한 믿음을 전제하는 것입니다. 매일매일 일용할 양식을 주시고 만나를 내려 주시는 그 하나님이시라는 것입니다.

물론 '이러다 손해 보면 어쩌지' 하는 의심이 들 때도 있습니다. 그런 의심의 때도 걱정하지 말라는 것입니다. 산상 설교 6장 24절과 34절에서 예수는 세 번 되풀이하면서 염려하지 말라고 합니다. 이렇게 하나님을 신뢰하는 것이 하나님 사랑의 구체적인 표현이라고 가르칩니다. 아빠가 되시는 그 하나님이 우리에게 양식을 주신다는 것입니다. 그 하나님을 절대적으로 의존하고 신뢰해서 이웃 사랑의 삶을 살라는 것입니다.

이처럼 예수님의 요구를 따라 하나님의 통치를 받으면 어떻게 됩니까? 사탄의 통치를 거부하는 것이고, 하나님께 의지하고 순종해서 하나님과의 올바른 관계가 이루어지고 이웃과의 올바른 관계가 이루어져서 하나님 나라를 이루는 것입니다. 하나님의 통치가 하나님의 백성에게 사랑의 이중 계명에 대한 순종으로 이 땅에 실현됩니다. 하나님의 통치가 하나님의 백성에 대한 사랑의 이중 계명에 대한 순종의 요구로 오기 때문입니다.

따라서 하나님의 백성이 하나님의 요구로 오는 통치를 받아 순종하면 그만큼 하나님 나라의 샬롬이 현실화되는 것입니다. 그것이 사회의 부의 적절한 재분배로, 정의의 확대로, 자유의 확대로, 평화의 확대로, 자연 환경의 적절한 이용의 확대로 나타나는 것이며, 두루 두루 하나님의 샬롬이 이루어지게 되는 것입니다. 그러면 결국 우리의 육신까지도 건강이 증진되는 것을 경험할 것입니다. 그만큼 하나님의 통치는 구체적입니다. 그것이 바로 누룩의 비유이고, 소금의 비유입니다.

성령을 힘입어 살게 하소서

앞서 살핀 하나님 나라가 초월에서 은혜로 온다는 것과, 지금 살펴본 하나님 나라 백성의 사랑의 이중 계명으로 오는 그의 통치에 대한 순종으로 하나님 나라가 실현된다는 것은 어떤 관계 속에 있습니까?

예수의 가르침에서도 그렇지만, 예수의 가르침을 이어받은 사도들의 가르침을 보더라도 우리는 자신의 힘으로 살려고 하는 아담적 실존의 방법을 지양하고, 우리 스스로의 힘으로 하나님의 음성을 듣고 그 뜻을 헤아리고 하나님께 의지하고 하나님께 순종할 수 없습니다. 위로부터 오시는 하나님의 성령에 힘입어 비로소 하나님의 음성을 듣고, 하나님의 뜻을 헤아리고, 하나님께 의지하고 순종할 수 있습니다. 한마디로, 믿음 자체도 하나님의 성령의 은사라고 말하는 것입니다. 즉 우리의 믿음의 결단 자체가 하나님의 성령에 힘입어 할 수 있는 것이라는 말입니다.

그러므로 우리는 항상 기도의 자세를 취해야 합니다. 그 하나님의 힘 주심, 그것이 바로 죄 용서 청원 즉 "우리의 죄를 용서하여 주시옵소서" 그리고 "우리가 우리에게 죄지은 자를 용서해 주겠습니다"라는 청원으로 잘 표현되어 있습니다. 우리는 아담의 죄에 항상 빠져 드는 존재인데, 하나님이 그런 삶의 양식을 지양할 수 있도록 우리에게 힘을 주신다는 것입니다.

죄 용서 청원은 막연한 회개가 아니다

여기 "우리의 죄를 용서해 주시옵소서"를 누가판과 마태판을 비교해 보면, 마태판에는 "우리의 빚들을(τὰ ὀφειλήματα ἡμῶν) 사하여 주시옵소서"라고 했고, 누가는 "우리의 죄들을(τὰς ἁμαρτίας ἡμῶν) 사하여 주시옵소서"라고 말합니다. 누가가 이렇게 복수를 써서 '죄들'이라고 한 것은 단순히 크게 "죄의식을 제거해 주시옵소서" 또는 "죄의 권세에서 우리를 해방시켜 주시옵소서"라는 것을 의미하려고 한 것이 아니고, "구체적인 죄의 행위들을 사하여 주시옵소서"라고 말하기 위함입니다.

여기서 누가는 왜 '죄들'이라고 하고 마태는 '빚들'이라고 했을까요? '빚들'이라고 하는 것이 예수님의 원래 용어입니다. 마태가 예수님의 원래 언어를 반영한 것이라 할 수 있습니다. 왜냐하면 누가판의 죄 용서 청원 두 번째 부분을 보면, "우리도 우리에게 빚진 자들 모두를 용서합니다(καὶ γὰρ αὐτοὶ ἀφίομεν παντὶ ὀφείλοντι ἡμῖν)"라고 되어 있기 때문입니다. 누가도 이 청원 두 번째 부분에서는 '빚'이라는 단어를 쓰고 있습니다. 이것을 고려할 때 마태의 '빚'이라는 언어가 원래 언어라고 볼 수 있습니다.

이 청원 첫 부분에서 누가는 '빚'이라는 언어를 의미상 '죄'라는 말로 바꾸어 놓았습니다. 이것은 유대인들이 죄를 '하나님에 대한 빚'으로 보았고 또 '이웃에 대한 빚'으로 본 것을 반영하고 있습니다. 특히 죄를 하나님에 대한 빚으로 보았습니다. 이것은 죄의 엄중함을 나타내는 말입니다. 그래서 죄를 하나님께 대한 빚으로 생각한 것입니다.

그런데 유대인적 숙어에 익숙하지 않은 이방인들에게 이 복음서를 쓴 누가는 그 뜻을 분명히 하기 위해서, 이것이 금전적 채무 관계에 대한 이야기가 아니고, 근본적으로 하나님과 이웃에 대한 죄의 문제라는 것을 나타내기 위해 빚을 '죄'라는 말로 풀어서 우리에게 써 준 것입니다. 이렇게 볼 때 마태가 쓴 빚이라는 말이 원래 언어라고 짐작할 수 있습니다.

그 다음 누가와 마태의 차이는 무엇입니까? 두 번째 부분에서 마태는 "우리도 우리에게 빚진 자들을 사해 준 것같이(ὡς καὶ ἡμεῖς ἀφήκαμεν τοῖς ὀφειλέταις ἡμῶν)"처럼 완료형을 사용하고 있습니다. 반면 누가는 "우리도 모두를 용서해 주니까요(καὶ γὰρ αὐτοὶ ἀφίομεν παντί)"라고 현재형으로 적고 있습니다. 즉 동사의 시제가 서로 다릅니다. 또한 마태는 "우리도 우리에게 빚진 자들을 사해 준 것같이"라고 한 것에 비해 누가는 "왜냐하면 우리도 우리에게 빚진 모두를 용서해 주니까요"라고 함으로써 서로 다른 접속사를 사용하고 있음을 알 수 있습니다.

여기서 제일 어려운 문제가 되는 것은 바로 이 완료형입니다. "우리가 우리에게 빚진 자를 용서해 주었듯이 하나님도 우리의 죄를 용서해 주시옵소서"라고 할 때, 우리 어감으로는 우리가 우리 자신을 하나님께 모범으로 내세운다는 것입니다.

그렇게 되면, "우리가 우리에게 죄지은 자들을 용서한 것 같이 하나님도 우리의 죄의 빚을 용서해 주십시오"라는 의미가 됩니다. 하나님께 우리 자신을 모범으로 내세우는 것같이 되어 있습니다. 누가판에서도 "우리도 우리에게 빚진 모두를 용서해 주니까 하나님도 용서해 주십시오"라는 뜻으로 되어 있습니다. 우리 이웃에 대한 우리의 용서를 우리에 대한 하나님의 용서의 조건으로 내세우는 듯한 어감을 줍니다. 그래서 이 청원은 주기도문을 해석할 때 원래 뜻을 잘 모르면 사실은 우리를 상당히 불편하게 하는 부분입니다.

죄 용서 청원은 동시에 용서의 서약이다

유대교적 배경을 금세기에 가장 많이 연구해서 셈족 언어를 가장 잘 아는 요하킴 예레미아스에 따르면 여기 마태복음의 아페카멘 (αφήκαμεν)의 완료형을 원형으로 보고, 이것을 아람어로 번역해 보면 아람에서의 완료형은 시제를 나타내는 것이 아니라, '동시성의 완료형(perfectum coincidentiae)' 즉 동시적인 것의 완료형으로 보아야 한다는 것입니다. 그러므로 이 뜻은 마태판을 기준으로 풀어 보면(마태판이 더 원형이니까), "하나님, 우리의 죄를 용서해 주시옵소서. 그와 동시에 우리도 우리에게 빚진 자들(죄들)을 용서하겠나이다"라는 뜻입니다. 이 죄 용서 청원의 두 번째 부분은 죄 용서를 청원함에 있어서 하나님에 대한 부수적인 서약이라고 볼 수 있습니다.

왜 이런 서약이 붙습니까? 이것은 아주 중요한 문제입니다. 우리를 아주 불편하게 한다고 느끼는 "우리에게 빚진 자들을 용서해 준 것같이"는 사실 우리를 향한 하나님의 뜻을 명확하게 보여 줍니다. 즉 이웃 사랑, 곧 이웃을 내 몸같이 사랑해야 함을 천명하는 것입니다.

이것은 예수님의 산상 설교에서 이웃 사랑의 설교, 특히 마태복음 5장 38절 이후에 원수까지도 사랑해야 한다는 말로 표현되고 있습니다. 이것이 하나님의 요구입니다. 하나님의 통치가 이와 같은 요구로 우리에게 온다는 것입니다.

그런데 하나님께 "나의 죄들을 용서해 주시옵소서"라고 간구하면서 마음속에는 '저 놈이 나에게 나를 험담하고 나를 못살게 굴어서 내가 저놈을 언제가 손을 봐주어야겠다'는 미움과 복수, 이웃에 대한 원한과 증오심을 품고서 "하나님이여, 나의 죄들을 용서해 주시옵소서"라고 하는 것은 말이 되지 않는다는 것입니다. 만일 '저 놈만은 내가 용서할 수 없습니다'라며 그 죄를 꾹 움켜쥐고 있으면서 "하나님이여, 나의 죄를 용서해 주시옵소서"라고 한다면, 그것은 "그 죄 말고 다른 죄만 용서해 주시옵소서"라고 하는 것이 되는데 그 또한 말이 안 된다는 것입니다.

죄 용서를 빌고자 한다면 자기의 죄를 버릴 각오를 해야 한다는 것입니다. 그렇게 해야 하나님의 용서가 나에게 구체적으로 효력을 발휘하게 됩니다. 나의 이웃에 대한 용서의 태도를 동반하지 않는 죄 용서 청원은 하나님은 나의 죄를 용서하는데, "나는 죄 용서 받지 않겠습니다" 하는 것과 마찬가지입니다. '저 놈에게 원수 갚겠다'는 그 죄만은 빼 놓고 용서해 달라는 것은 가당찮은 것이라는 말입니다. 그것은 곧 내가 용서할 수 없는 그 놈에 대하여 저지르는 그 죄에 대해서는 하나님의 용서조차 받지 않겠다는 태도와 같은 것이기 때문입니다.

그러므로 마태복음의 구조로 볼 때 예수님은 주께서 가르쳐 주신 기도의 서문과 결론을 어떻게 두었습니까? 곧 이방인들이 기도하는 식으로 하지 말라, 중언부언하지 말라고 했습니다. 왜 그렇습니까? "하늘에 계신 너의 아버지께서 너의 필요한 것을 다 아시기 때문"입니다. 우리가 아뢰기 전에 우리 처지를 다 알기 때문이라고 합니다.

마태복음의 구조를 잘 살펴보면 마태의 강조를 한층 명확히 확인할 수 있습니다. 이 주기도문의 서문(마 6:7-8)이 특별히 "나에게 일용할 양식을 주시옵소서"라는 청원을 강조하는 기능을 하는 것이라면, 주께서 가르쳐 주신 기도 끝부분에 마태복음 6장 14-16절, 곧 "너희가 사람들이 너희에게 지은 죄를 용서해 주면 하늘에 계시는 너희 아버지께서도 너희 죄를 용서해 주실 것이요. 너희들이 그들의 죄를 용서해 주지 않으면 하나님도 너희 죄를 용서해 주시지 않을 것이다"라는 말씀을 넣음으로써 죄 용서 청원을 하이라이트하고 그 청원의 뜻을 새기는 것입니다.

하나님께 죄 용서 받음과 우리 이웃에 대하여 죄 용서함이 이렇게 구조적으로 연결되어 있습니다. 이웃에 대한 죄 용서 없이 하나님에 대한 죄 용서 받음이 가능하지 않다는 말입니다. 그것은 우리가 우리 이웃에 대한 죄 용서를 하나님에 대한 우리의 공로를 내세워서 그 반대 급부로 하나님께 죄 용서를 받는 것이 아닙니다. 이웃 사랑이 우리를 향한 하나님의 뜻이라면 그것을 실천하지 못하는 죄에 대해 용서를 비는 자들로서 우리가 그것을 실천하지 않겠다는 의도를 마음속에 품고 있으면서 용서를 비는 것은 헛것이라는 말입니다.

용서 없는 용서 청원은 헛되다

예수님은 다시 한번 비유로 이 설교를 강력하게 합니다. 마태복음 18장 23-35절에서 이에 관한 설교를 합니다. 먼저 본문을 보겠습니다.

이러므로 천국은 그 종들과 회계하려 하던 어떤 임금과 같으니 회계할 때에 일만 달란트 빚진 자 하나를 데려오매 갚을 것이 없는지라 주인이 명하여 그 몸과 처와 자식들과 모든 소유를 다 팔아 갚게 하라 한대 그 종이 엎드리어 절하며 가로되 내게 참으소서 다 갚으리이다 하거늘 그 종의 주인이 불쌍히 여겨 놓아 보내며 그 빚을 탕감하여 주었더니 그 종이 나가서 제게 백 데나리온 빚진 동관 하나를 만나 붙들어 목을 잡고 가로되 빚을 갚으라 하매 그 동관이 엎드리어 간구하여 가로되 나를 참아 주소서 갚으리이다 하되 허락하지 아니하고 이에 가서 저가 빚을 갚도록 옥에 가두거늘 그 동관들이 그것을 보고 심히 민망하여 주인에게 가서 그 일을 다 고하니 이에 주인이 저를 불러다가 말하되 악한 종아 네가 빌기에 내가 네 빚을 전부 탕감하여 주었거늘 내가 너를 불쌍히 여김과 같이 너도 네 동관을 불쌍히 여김이 마땅치 아니하냐 하고 주인이 노하여 그 빚을 다 갚도록 저를 옥졸들에게 붙이 나라 너희가 각각 중심으로 형제를 용서하지 아니하면 내 천부께서도 너희에게 이와 같이 하시리라.

이 비유의 마지막 말은 "너희가 각각 중심으로 형제를 용서하지 아니하면 내 천부께서도 너희에게 이와 같이 하시리라"로 되어 있습니다. 이 말은 곧 주기도문에 이어 나오는 구절 마태복음 6장 14-15절 말씀과 같습니다. 그러므로 이 비유가 주기도문의 청원에 대한 설교임을 알 수 있습니다.

이 비유에 의하면 만 달란트 빚진 자에 대하여 왕이 그 빚을 탕감해 줍니다. 즉 용서해 주었습니다. 만 달란트는 예수 당시 갈릴리와 베뢰아 주민 전체가 로마 정부에 내는 1년 세금이 이백 달란트밖에 되지 않은 것에 견주어 보면 그것이 얼마나 큰 돈인지 알 수 있습니다. 상상조차 할 수 없는 금액입니다. 이에 비해 백 데나리온(한 데나리온은 장정의 하루 품삯)은 장정이 100일 일한 것에 불과합니다. 어마어마한 빚인 만 달란트를 탕감받은 사람이 그 이웃에게 빌려 준 조그만 빚을 탕감하지 않으면 자신의 죄에 대한 탕감이 무효라는 것입니다.

생각해 보십시오. 하나님이 우리의 죄, 아담적 실존의 죄에 대하여 용서하신 것은 우리가 우리에게 욕하고 손해 입힌 우리의 이웃의 죄에 비한다면, 만 달란트와 백 데나리온 정도의 중함과 경함의 관계인 것입니다. 그런데 우리는 만 달란트에 해당하는 하나님에 대한 우리의 죄의 용서를 빌면서도 겨우 백 데나리온밖에 안되는, 그 정도의 무게밖에 안되는 이웃의 죄를 용서하지 않으면 참 용서가 없다는 말입니다.

한걸음 더 나아가 이 말은 우리가 하나님의 은혜의 통치로 말미암

173

아 죄 용서를 받은 사람들이라면, 그 하나님의 죄 용서가 우리를 통해 이웃에게 나타나게 해야 한다는 것입니다. 우리가 그 하나님의 죄 용서의 은혜를 가로막아서는 안된다는 것입니다. 하나님의 그 용서가 우리 이웃으로 전달되게 해야 합니다.

따라서 이 죄 용서 청원은 "우리가 우리에게 죄지은 자를 사하여 주었듯이 우리의 죄를 사하여 주시옵소서"라는 식으로 기도하지 말고 "우리 죄를 용서해 주시옵소서, 그와 동시에 우리도 우리에게 빚진 자를 용서하겠나이다"라고 해야 할 것입니다.

주기도문의 청원들은 모두 서약이다

그러므로 이 청원은 우리에게 주기도문의 각 청원이 청원일 뿐만 아니라 동시에 서약임을 잘 보여 줍니다. "우리에게 일용할 양식을 주시옵소서"라는 청원은 "오늘 우리의 생명에 필요한 것을 공급하여 주시옵소서"라는 의미의 청원만이 아니고, 우리가 "하나님께 의지하고 하나님께로부터 오는 양식에 의해 살겠습니다, 우리가 아담적 존재로 살지 않겠습니다, 우리의 힘을 우상화하고 우리의 일을 우상화하고 우리의 일의 열매를 우상화하지 않겠습니다"라는 서약을 동시에 포함합니다.

그 앞에 나오는 "하나님 나라가 임하시옵소서"라는 청원도 마찬가지입니다. 이 청원은 "나 스스로 하나님의 통치를 받겠습니다"는 서약을 동시에 담고 있습니다. "죄를 용서해 주십시오"라는 청원은 "나도 나에게 죄지은 자에게 죄를 용서해 주겠습니다"라는 서약을 담고 있습니다. 그러므로 이 서약 부분을 생각하지 않고 일방적으로 "하나님의 통치가 임하소서"라고 해보았자 허구가 되는 것입니다.

사실은 이것이 늘 우리의 문제이지 않습니까? 예수님이 하나님 나라가 겨자씨처럼, 누룩처럼 온다고 하실 때는 우리 성도들이 하나님의 통치 아래 있는 백성으로 살겠다는 적극적인 제자도를 이미 전제하고 있는 것입니다.

바리새인의 경건주의적 소극주의로는 안됩니다. 신앙 생활하는 것이나 하나님의 통치 받는 것을 기껏해야 음식 가리고 손 닦고 그릇 닦는 것 정도의 경건으로 여겨서는 안된다는 것입니다.

한국 교회 그리스도인들은 여기에 많이 빠지는 것 같습니다. 한국 교회의 그리스도인들은 하나님 백성으로서의 삶을, 좀 과장해서 말하면 세 가지만 하지 않으면 되는 것쯤으로 아는 것 같습니다. 술 안 마시고, 담배 안 피우고 제사 안 지내는 것입니다. 이 세 가지만 잘하면 하나님의 백성으로서 충분하다고 생각하는 것, 이것이 바로 경건주의적 소극주의입니다. 담배 안 피우고, 술 안 마시고, 제사 안 지내는 사람이 천만 명이 아니라 4천만 국민 전부라 해도 거기에는 하나님의 진정한 샬롬이 없습니다. 예수님은 이 점을 신랄하게 비판하십니다.

겨자씨 비유와 누룩 비유에서처럼 "너희는 세상의 소금"이라는 요구에도 담겨 있지만, 예수님은 실제로 바리새인들에게 외식하는 자들이라고 말합니다.

왜 그렇습니까? 손 닦고 그릇 닦고 음식 가리는 일은 열심히 하는데 실제로 더러운 것 곧 우리를 부정하게 하는 것은 밖에서 안으로 들어가는 것이 아니라는 것입니다. 즉 당시 유대인들의 방식대로 하자면 돼지 고기 먹었나 안 먹었나, 부정한 음식을 먹었나 안 먹었나 하

175

는 것이 우리를 더럽게 하는 것이 아니고 안에서 밖으로 나오는 것이 참으로 우리를 더럽게 하는 것이라는 말입니다.

그것은 일차적으로 배설물을 말하지만 동시에 무엇을 비유합니까? 이 비유가 우리에게 말하고자 하는 의도는 무엇입니까? 우리 안에 있는 심장으로부터 더러운 것이 나온다는 것입니다.

즉 하나님에 대한 불신앙, 하나님에 대한 의존의 거부, 하나님께 대한 순종의 거부, 이웃에 대한 증오와 무시 같은 것들이 다 우리 안에서 나온다는 것입니다. 그것이 우리와 하나님의 관계를 어렵게 하고 우리와 이웃을 어렵게 한다는 것입니다. 그것이 우리를 부정케 하는 것이지 먹는 것이 우리를 더럽게 하는 것이 아니라는 것입니다.

주기도문은 적극적인 제자도를 요청한다

다시 말하면 적극적인 제자도의 요구는 하나님에 대한 혼신을 다한 헌신과 이웃 사랑입니다. 하나님에 대한 혼신을 다하는 헌신은 우리에게 일용할 양식을 달라는 청원으로 나타납니다. 그런데 이 하나님께 의지하고 순종하는 것을 잘하지 못하기 때문에 시시각각으로 하나님께 용서를 빌어야 합니다. 하나님께 의지하고 순종할 수 있는 힘을 하나님께 받아야 합니다. 아담적 삶을 살려고 하는 우리의 실존을 자제할 수 있는 힘을 하나님께 받아야 합니다. 우리가 아담적 실존으로 빠지는 그 죄에 대하여 항상 용서를 받아야 합니다.

이웃 사랑을 실천할 수 있는 힘을 하나님으로부터 받아야 합니다. 나에게 빚진 자를 용서해 줄 수 있는 힘을 받아야 합니다. 그리하여

176

하나님께 대한 헌신과 이웃에 대한 사랑을 실천할 때 비로소 샬롬이 발생합니다. 그렇게 되면, 구체적으로 부가 비교적 공정하게 재분배되고, 그렇게 되면 사회 정의가 참으로 일어나며, 인간 관계들이 원만해져서 평화가 증진합니다. 종말에 완성될 하나님의 구원의 통치가 지금 여기에 벌써 구체적으로 실행된다는 것입니다. 그러면 사회가 변하고 공동체가 변하고(누룩 비유) 많은 사람들이 구원의 덕을 입게 됩니다(겨자씨 비유).

이 "하나님 나라가 임하소서"라는 청원이 "하나님의 통치를 받겠습니다"라는 서약을 항상 동반하듯이, 그리고 "일용할 양식을 주시옵소서"라는 청원이 "하나님께 의지하고, 하나님께로부터 오는 생명의 양식으로 살겠습니다"는 서약을 동반하듯이, 우리 죄에 대한 용서의 청원은 항상 우리 이웃의 죄에 대한 용서를 서약하는 자세로 드려야 합니다.

우리를 악에서 구출하옵소서

이제 마지막 청원인 "우리를 시험에 들게 하지 마옵소서 그리고 우리를 악으로부터 구출하여 주소서"를 묵상해 봅시다. 누가복음은 이 청원의 앞부분만을 사용하여 "우리를 시험에 들게 하지 마옵소서(καὶ μὴ εἰσενέγκης ἡμᾶς εἰς πειρασμόν)" 하는데, 마태는 아마도 이 청원의 의미를 더 분명히 하기 위해 "악으로부터 구출하여 주소서(ἀλλὰ ῥῦσαι ἡμᾶς ἀπὸ τοῦ πονηροῦ)"를 덧붙인 것 같습니다.

여기에 사용된 페이라스몬(πειρασμόν)이라는 말은 히브리어 마사(נָסָה)의 번역인데, 이 히브리어 마사나 헬라어 페이라스몬은 둘 다 이중적인 의미로 쓰이는 단어입니다. 하나는 유혹이라는 의미로 쓰이고, 다른 하나는 시험이라는 의미로 쓰입니다. 어떤 때는 유혹과 시험이 섞여 사용되기도 합니다.

하나님은 우리를 시험하시기는 하지만 유혹하시지는 않습니다. 아브라함을 시험하셨습니다(창 22장). 우리의 믿음을 확인하고 우리의 믿음을 교육하기 위한 것입니다. 이처럼 하나님은 우리의 믿음을 시험하시기는 하나 유혹하시지는 않습니다. 유혹은 사탄이 합니다.

이 시험 청원 본문은 "우리를 페이라스몬으로 끌어들이지 마소서"라고 되어 있습니다. 여기에 사용된 '끌어들인다' 는 말은 "우리가 그 속에 빠져 가지 않도록 허용하지 말라"는 뜻입니다. 그러므로 페이라스몬을 유혹으로 번역하는 것이 옳다고 할 수 있습니다.

여기서는 사탄의 유혹이 전제됩니다. 사탄은 아담을 유혹했듯이 우리를 향해서도 항상 유혹합니다. 우리가 우리의 힘으로는 그 사탄의 유혹을 저지할 힘이 없습니다. 그래서 하나님이 "우리를 그 사탄의 유혹으로 빠져 들어가는 것을 막아 주시옵소서" "사탄의 유혹에 떨어지는 것을 하나님이 막아 주시옵소서"라고 간구하는 것입니다.

유혹이 사탄으로부터 온다는 것을 분명히 하기 위해, 다시 말해 유혹으로부터 막는다는 것은 곧 사탄으로부터 보호함을 뜻한다는 것을 말하기 위해 마태는 여기에 "악한 자로부터 우리를 구출하여 주소서"라는 말을 덧붙인 것입니다.

그런데 여기 또 한 가지 성경 주석가들의 논쟁 거리가 있습니다. 바로 여기에 나오는 '악한 자' 라는 표현 때문입니다. '악한 자' 또는 '악' 에 해당하는 헬라어 '투 포네로우(τοῦ πονηροῦ)' 가 중성 속격이냐 아니면 남성 속격이냐 하는 것에 대한 토론입니다.

만일 중성 속격이라면, "악으로부터 우리를 구출하여 주소서"라고 이해해야 할 것입니다. 남성 속격이라면, "악한 자로부터 우리를 구출하여 주소서"라고 해야 할 것입니다. '악한 자'라면 틀림없이 사탄을 두고 한 말이 될 것입니다. 따라서 "사탄으로부터 우리를 구출하여 주소서"를 중성으로 보아야 하느냐, 남성으로 보아야 하느냐 하는 문제를 가지고 주석가들이 토론을 많이 벌입니다.

중성으로 보려고 하는 사람들은 유대교 배경을 가지고 토론합니다. 즉 유대교 내에서 사탄을 지칭하는 이름들이 여러 가지 많지만 '악한 자'로 이름하는 경우가 별로 없다는 것입니다. 복음서에서도 명백히 나오는 경우가 별로 없는 것 같으므로 중성으로 보아야 한다는 것입니다. 더구나 요즘처럼 사탄의 인격적 존재에 대해 회의를 느끼는 사람들은 "악으로부터 구출하소서"라고 보려고 하기 때문에 중성으로 해석하려고 합니다.

하지만 복음서를 자세히 보면 여러 곳, 예를 들면 마태복음 13장 19절과 38절 등에 '악한 자'라는 말이 나옵니다. 누가복음 22장 28-32절에 보면 거기에서도 '시험'이라는 말이 바로 '사탄'이라는 말과 연결되어 있음을 볼 수 있습니다.

누가복음 11장 26절도 마찬가지입니다. 따라서 유대교 배경 문서에 사탄을 악한 자라고 명백히 부르는 곳이 별로 없다 하더라도, 복음서 곳곳에 '악한 자'라는 말이 나올 뿐만 아니라 '사탄이 악하다'는 표현을 사용하고 있기 때문에, 마태복음의 마지막 청원의 투 포네로우(τοῦ πονηροῦ)는 남성으로 봐야 합니다. 즉 사탄을 지칭한다고 봐야 한다는 말입니다.

그렇지 않다 하더라도 "우리를 유혹에 떨어지게 않게 하소서"라는 말 자체가 이미 사탄을 전제하고 하는 말입니다. 더 나아가 마태는 바로 이 점을 확연히 드러내기 위해 두 번째 부분을 덧붙였기 때문에 당연히 여기 악한 자는 남성으로 보고 사탄을 지칭한다고 봐야 합니다.

하나님의 통치는 사탄의 통치와 반대 개념

이 악한 자인 사탄으로부터의 보호 청원은 앞의 하나님 나라, 곧 하나님의 통치의 도래에 대한 청원과 사실상 인클루지오를 이룹니다. 이런 점에서 첫 청원과 마지막 청원이 사실은 한 청원의 두 짝이라고 할 수 있습니다.

아주 간단히 말하면, 하나님의 통치는 항상 사탄의 통치 반대 개념으로 보면 됩니다. 사탄은 우리를 죄와 죽음으로 통치하고, 그래서 죄를 지으면 죽음으로 품삯을 주는 그런 통치를 합니다. 하나님의 통치는 의와 생명의 통치를 합니다. 하나님과 창조적 피조물과 올바른 관계로 회복시켜서 우리를 다시 한번 하나님의 하나님 노릇 해주심을 덧입는 올바른 관계를 회복시키는 것입니다. 이것이 바로 의입니다.

우리가 의인이 된다는 것은 죄 용서를 받는다는 것의 다른 표현입니다. 죄 용서란 말은 부정적인 표현이고, 의인이 된다는 것은 긍정적인 표현입니다. 이 두 말은 사실 똑같은 의미입니다. 이렇게 해서 우리는 다시 한번 하나님의 생명, 신적 생명, 영생을 얻게 됩니다. 하나님의 무한한 부요함을 얻는다는 것입니다.

예수는 하나님의 통치를 잔치나 상속의 그림을 통해 이러한 하나님 나라의 구원을 약속하면서, "너희들은 지금 이 아담적 상태에 있다"
고 말합니다. 탕자의 비유에서 말하는 탕자와 같다는 것입니다. 사탄
의 속임수에 빠져 스스로 하나님이 된다고 하는데 천만의 말이라는
것입니다. 정반대로, 사탄의 속임수에 빠져 사탄의 명령을 받음으로
써 실제로는 죽음에 빠졌다는 것입니다. 그것이 바로 탕자입니다.

그러므로 거기서 회개함으로 나와서 믿음으로 하나님의 통치의 영
역 속으로 들어오라, 그러면 하나님의 잔치에 참여하게 해주겠고 하
나님의 자녀가 되어 창조주 하나님을 '아빠'라고 부를 수 있게 해주
겠고, 창조주 하나님의 무한한 부요함을 상속하게 해주겠다는 뜻입니
다. 다시 말하면 '신적 생명'을 얻게 해주겠다, 영생을 주겠다고 약속
해 주는 것입니다.

예수는 약속만 한 것이 아니라, 이와 같은 약속이 가져올 구원의 실
제를 치유 사건을 통해 시위(demonstration)했습니다. 자기가 약속한
하나님의 나라의 구원을 치유(포괄적으로 이해하여 우리를 온전케 함
을 의미한다. 따라서 육신적 병고의 치유뿐 아니라 하나님과의 올바
른 관계 회복, 이웃과의 올바른 관계 회복, 그것으로부터 오는 샬롬과
우리의 모든 삶의 영역에서 우리를 온전케 함을 포함한다)로 시위했
던 것입니다.

치유로 하나님 나라를 증명하면서 이 하나님 나라로 들어오라고 초
청한 것입니다. 예수의 하나님 나라 선포는 초청이라고 할 수 있습니
다. 그래서 예를 들면 마가복음 2장 17절에 보면 예수께서 "내가 의인
들을 부르러 온 것이 아니라 죄인들을 불러내러 왔다"고 하십니다. 그
러므로 죄인을 불러내어 하나님 나라로 죄인들을 불러오는 일 그것이
예수의 하나님 나라의 선포의 의도라고 말할 수 있습니다.

우리가 예수의 하나님 나라의 복음, 곧 하나님 나라의 초청에 응해서 회개로 사탄의 나라에 등을 돌리고 믿음으로 하나님 나라에 들어오면 예수는 우리를 '하나님의 백성'이라고 선언합니다. 누가복음 12장 32절의 언어로 말하면 '하나님의 작은 양무리'라고 합니다. 하나님이 선한 목자가 되어 주심을 덧입는 자들이 된다는 것입니다. 하나님의 자녀들이 된다는 것입니다. 이런 사람들에게 예수님은 하나님을 아빠라고 부르라고 합니다. 때문에 예수는 하나님을 아빠로 부르라는 것을 바로 기도문의 첫마디에 놓은 것입니다.

이처럼 예수를 통해서 하나님의 통치가 실현되어 갑니다. 하지만 이 하나님의 통치는 종말론적 구조 속에 있습니다. 즉 하나님의 나라가 예수의 초림으로 시작은 했지만 그 완성은 예수의 재림 때에 이루어진다는 것입니다. 예수의 하나님 나라 선포로 하나님 나라가 출범하지만 예수의 재림 때 완성된다는 것입니다. 예수의 재림 곧 하나님 나라가 완성될 때까지는 이 사탄이 다스리는 이 세상 또는 이 세대가, 즉 사탄이 왕 노릇 하는 이 세대가 계속됩니다. 이 사탄이 통치하는 세상 속에 살면서 우리는 하나님의 백성으로 사는 것입니다.

하나님의 통치를 갈망하자

우리는 무엇을 기도해야 합니까? 하나님의 통치가 완벽히 일어나도록 기도해야 합니다. 주기도문의 첫마디처럼 하나님을 아빠라고 부르는 사람들은, 주기도문을 할 수 있는 사람들은 사탄의 통치에서 회개함으로 벗어나서 하나님의 나라로 들어온 사람들입니다. 그들은 이미 하나님의 자녀가 되어서 하나님을 아빠라고 부릅니다. 그럼에도 불구하고 하나님을 아빠라고 부를 수 있는 사람들도 지금 사탄의 통치가 계속되는 한 사탄의 통치에 계속 노출되어 있는 것입니다.

따라서 우리가 제일 먼저 빨리 간절히 기도해야 할 것이 있다면 "속히 하나님의 통치 곧 하나님의 나라가 오소서"라는 것입니다. 하나님 나라의 옴의 청원을 제일 먼저 해야 한다는 말입니다. 첫째는 완성된 하나님의 나라가 빨리 오도록, 그 결과 사탄의 나라가 빨리 종식되고 하나님의 나라가 빨리 완성되도록 완성을 위한 기도를 해야 합니다.

이 기도는 동시에 지금 우리에게 사탄의 통치와 하나님의 통치의 갈림길에 매순간 놓이게 되는데, 하나님의 초월의 은혜로 오는 하나님의 통치가 내게 일어나서 사탄의 통치를 저지하고 사탄에게 순종하지 않고 하나님을 순종하도록 하기 위해서입니다.

그러므로 "하나님의 나라가 오게 하소서"는 두 가지 의미를 띱니다. 그 첫 번째가 "하나님의 나라가 빨리 완성되게 하소서"라는 미래적인 것이라면, 두 번째 의미는 "지금 여기에 하나님의 통치가 우리에게 임해서 우리가 사탄의 죄악과 죽음의 통치로부터 지금 여기서 건져냄을 받게 하소서"라고 할 수 있습니다.

즉 하나님 나라 청원은 이런 이중적인 뜻을 지니고 있습니다. 그것과 짝을 이루는 것이 마지막 청원인 "지금 여기서 사탄의 유혹에 빠지지 않게 하소서"라는 것입니다. 즉 "지금 여기서 사탄의 통치를 꺾고 하나님의 통치가 우리에게 임하게 하소서" 그래서 "하나님의 통치를 받게 하소서"라는 이 기도는 부정적으로 말하면 "지금 여기서 사탄의 유혹으로부터 우리를 건지소서"입니다. 따라서 이 "하나님 나라가 빨리 오소서"의 청원과 "사탄의 유혹으로부터 우리를 건지소서(우리를 구출하소서)" 청원은 인클루지오를 이룹니다.

이 기도는 우리에게 우리가 지금 종말론적인 유보 상태에 있음을 상기시키는 기도이기도 합니다. 예수의 하나님 나라 복음 선포와 그의 십자가 위에서의 죽음과 부활로 말미암아 예수의 선포를 받아들여 하나님의 통치 속으로 들어간 우리는 이미 하나님 나라의 자녀입니다. 골로새서 1장 13절에 의하면, 이미 흑암의 권세에서 구출되어 하나님의 사랑하는 아들의 나라로 옮기웠다고 말합니다. 이미 완료된 사건입니다. 우리가 이미 구원을 받았다는 것입니다. 구원의 '이미성' 입니다.

그러나 이미 받은 구원은 어디까지나 종말에 완성될 구원의 첫 열매에 불과합니다. 이 첫 열매라는 그림으로 말하자면, 우리는 계속해서 사탄의 주권과 하나님의 주권의 요구에 노출되어 있습니다. 이 마지막 청원은 우리 스스로 그것을 상기시키는 것입니다. 우리 스스로의 책임 있는 제자도를 서약하도록 하는 청원입니다.

다시 말하면 엄연한 사탄의 현재적 통치에 대해 눈을 번쩍 뜨게 하는 청원입니다. 무엇보다 우선, 사탄의 엄연한 통치에 대해 철저히 의식하게 하는 청원입니다. 이것이 중요한 이유는, 사탄의 엄연한 현재적 통치를 무시하면 열광주의(Enthusiasmus)에 빠지기 쉽기 때문입니다. 마치 고린도인들처럼 말입니다. 고린도전서 4장 8–13절을 봅시다.

너희가 이미 배부르며 이미 부요하며 우리 없이 왕 노릇 하였도다 우리가 너희와 함께 왕 노릇 하기 위하여 참으로 너희의 왕 노릇 하기를 원하노라 내가 생각건대

하나님이 사도인 우리를 죽이기로 작정한 자같이 미말에 두셨으매 우리는 세계 곧 천사와 사람에게 구경거리가 되었노라 우리는 그리스도의 연고로 미련하되 너희는 그리스도 안에서 지혜롭고 우리는 약하되 너희는 강하고 너희는 존귀하되 우리는 비천하여 바로 이 시간까지 우리가 주리고 목마르며 헐벗고 매맞으며 정처가 없고 또 수고하여 친히 손으로 일을 하며 후욕을 당한즉 축복하고 핍박을 당한즉 참고 비방을 당한즉 권면하니 우리가 지금까지 세상의 더러운 것과 만물의 찌끼같이 되었도다.

여기에 보면, 바울이 냉소적이 되어 있음을 느낄 수 있습니다. 고린도인들에게 너희들이 이미 하나님 나라의 잔치에 참여해서 다 배불러져 버렸다고 다소 냉소적으로 말하는 것입니다. "너희들이 이미 하나님의 부요함을 덧입어 피조물의 결핍을 다 해결해 버렸구나. 우리 없이 너희들이 하나님 나라에 다 당도해서 그리스도와 함께 왕 노릇 하는 자들이 되었구나. 너희들이 이미 다 왕이 되었구나"라고 말하는 것입니다.

예수는 종말에 완성될 하나님 나라에서 예수와 함께 왕 노릇 할 것임을 말했습니다.

"너희들은 우리 없이 이미 하나님 나라에 당도해서 그의 잔치에 참여해서 배불림을 받고 하나님의 부요함을 상속받아 이미 부요하게 되었구나, 그래서 피조물적 제한성을 극복했다고 생각하는구나, 그리스도와 함께 왕 노릇 하는 자들이 되었구나!"

그리고 나서 바울은 제발 그렇게 되면 얼마나 좋을까라고 합니다. 개역 한글판 번역에는 이런 바울의 마음이 적절하게 묘사되지 못했는데, 바울은 지금 이런 마음으로 말하고 있습니다. "그렇다면 우리도 그렇게 너희들과 함께 왕 노릇 할 것인데"라고 굉장히 냉소적으로 말합니다. 그것을 고린도 교회의 열광주의라고 합니다. 지금 구원의 첫 열매를 받고 구원의 완성을 향해 가는 자들이 이미 다 구원을 받았다고 상상하는 것입니다. 우리 한국의 구원파들도 이런 종류입니다.

　고린도 교회 교인들은 왜 잘못된 구원론에 빠졌습니까? 성령의 엄청난 체험(방언, 예언, 사람들을 집중시키는 일[spectacular]이 나타난 것을 체험)을 한 이후 자신들이 이미 천사들의 상황에 도달한 것으로 본 것입니다. 천사들의 언어를 쓰면서 하늘에 이미 이른 것으로 보았기 때문입니다.

　이처럼 우리의 종말론적인 구원이 지금 유보되었다는 사실을 망각하면, 구원은 겨우 첫 열매이고 구원의 완성을 향하여 가고 있다는 사실을 망각하면, 다시 말하면 아직도 사탄의 엄연한 유혹이 우리에게 날마다 넘실거린다는 사실을 망각하면 당연히 사탄에 대한 경각심이 약해집니다. 사탄의 유혹에 무방비 상태가 됩니다.

　그렇게 되면 고린도 교인들의 착각처럼 신앙이 아주 좋은 것처럼 생각하지만, 실제로는 사탄의 유혹에 자꾸 빠지게 됩니다. 그래서 고린도 교회의 성령파 열광주의자들이 그 형편없는 죄들, 세상 사람들도 부끄러워하는 죄들에 빠지고 만 것입니다. 그것이 고린도전서에 기록되어 있습니다.

　그러므로 사탄의 엄연한 통치가 있다는 사실, 거꾸로 말하면 하나님 나라의 구원이 아직 완성을 향해서 간다는 것은 우리로 하여금 날마다 "하나님의 통치가 오소서"라고 필연적으로 기도하게 합니다. 이 기도는 "종말의 하나님의 통치가 빨리 완성되소서"라는 종말론적 미래적 청원이자, "지금 내가 사탄의 통치를 받지 않고 하나님의 통치를 받게 하소서"라는 의미를 띱니다.

이 기도와 짝을 이루는 "사탄으로부터 구출하소서이다"라는 기도를 날마다 하지 않으면, 우리가 구원론의 열광주의에 빠져 사탄의 유혹에 무방비해지고 결국은 책임 있는 제자도를 사는 것이 아니라, 정반대로 아주 죄에 빠지게 됩니다. 이 기도가 매우 중요합니다. 사탄의 통치에 대한 분명한 의식을 가져야 합니다.

사탄의 통치에 대한 억측은 금물

여기서 또 하나 주의해야 할 것이 있습니다. 사탄의 통치에 대한 분명한 의식을 갖는다는 것은 무슨 말입니까? 모든 참됨과 모든 선함과 모든 아름다움은 궁극적으로 하나님으로 오듯이, 모든 거짓과 모든 악함과 모든 추함과 모든 고난은 궁극적으로 사탄으로부터 온다는 사실입니다. 신약 성경은 우리에게 이렇게 가르칩니다.

이 거짓과 악함과 추함과 고난이 나타나는 곳에 사탄의 역사가 있습니다. 사탄이 그의 졸개들인 귀신들을 통해 우리에게 이런 것을 가져다 줍니다. 그래서 우리는 사탄의 통치에 대해 엄연한 의식을 가져야 하고, 그 사탄의 졸개들인 귀신의 역사에 대해 눈을 번쩍 뜨는 경각심을 가져야 하는 것이 사실입니다.

그러나 동시에 우리 신약 성경은 모든 거짓의 구체적인 상황, 고난과 악함의 구체적인 상황을 항상 일대일로 사탄이나 귀신에 연결시키도록 권장하지는 않는다는 사실입니다. 즉 성경은 너무 "사탄, 사탄! 귀신, 귀신!" 함으로써 이런 사탄 의식에 빠져 들도록 결코 권장하지 않는다는 말입니다.

이 말씀을 강조해야 하는 이유가 있습니다. 요즘 미국에서 우리 한국으로 들어오는 재미없는 사상이 하나 있습니다. 사탄과 귀신의 왕국에 대한 것입니다. 그에 대하여 신약 성경이 허용하지 않는 만큼 추측해서 무슨 자기들의 체계 있는 소설 같은 이야기를 써서 주장합니다. 이것을 스펙큘레이션(speculation : 억측)이라고 합니다. 그 한 예로 풀러 신학교 선교 대학원 교수였다가 지금은 은퇴한 피터 와그너 교수의 최신 이론을 소개합니다.

그의 주장에 의하면, 요즘 세상이 이렇게 시끄러운 이유는 하나님의 왕좌 위에 천상의 여왕이 앉아 있어서 그렇다는 것입니다. 그 여왕이 하나님과 싸워서 그렇다는 것입니다. 그런데 그 천상의 여왕이 누구냐 하면 바울이 선교할 때 만난 고대 에베소의 다이아나 여신이라고 합니다. 그 다이아나 여신을 바울이 그때 완전히 박멸했어야 하는데 바울이 실패하여 그 다이아나 여신이 계속 살아 있다가 카톨릭의 마리아 숭배로 들어갔다가 얼마 전에 죽은 영국 찰스 황태자의 부인 다이아나와 연결이 됐다는 것입니다. 그래서 다이아나가 천상의 여왕으로 앉아 있으면서 하나님과 싸워 세상이 이렇게 시끄럽다는 것입니다.

이와 같은 억측(speculation)을 위시해 도시마다, 또 한 도시 안에서도 구역마다 그 곳을 통치하는 귀신의 이름을 자기들이 정하는 일도 합니다. 자기들이 지역의 귀신들의 이름을 안다는 것입니다. 이런 정도의 스펙큘레이션을 신약 성경은 절대 허용하지 않습니다.

이것을 허용하면 부작용이 많이 일어납니다. 첫 번째 부작용은, 하나님 나라의 복음에 대한 신뢰가 약해지는 것입니다. 하나님 나라의 구원의 감격과 확신과 기쁨 속에서 사는 것이 아니라, 사탄과 귀신에 대한 공포 속에 살게 된다는 것입니다. 그런 사람들에게 요한일서는 "네 안에 계시는 성령이 세상의 영 사탄보다 더 강하다"고 말합니다. 예수 그리스도는 십자가에서 죽으시고 부활하셔서 사탄의 권세를 이 겼습니다. 그래서 우리가 사탄의 엄연한 통치에 대해서 눈을 부릅뜬 의식을 갖고 있어야 하지만, 그 사탄과 사탄의 졸개들을 두려워할 필 요는 결코 없습니다. 너무 두려워하면 예수 그리스도의 승리에 대한 기쁨(celebration)이 약화되며 구원의 확신이 약해져서 심지어는 사탄 의 공포증에 걸리게 됩니다. 하나님의 자녀 된 우리에게 어울리지 않 는 모습입니다.

C. S. 루이스(C. S. Lewis)가 말한 대로, "사탄, 사탄! 귀신, 귀신!" 하는 사람들은 자꾸 그 귀신의 마력에 빨려 들어간다는 경고에 귀를 기울여야 합니다. 귀신 공포증을 유발시키기 때문입니다. 예수 그리 스도를 믿고 내 안에 내주하시는 성령의 힘으로 사는 사람들은 귀신 이 건드릴 수가 없습니다.

두 번째 부작용은 이런 식으로 자주 억측을 하면 지금 하나님의 통 치가 매순간의 가치 판단과 윤리적 선택으로 다가오는 현실 앞에서 나의 결단이 약화될 수밖에 없습니다. 우리는 순간마다 자기를 주장 하라는 사탄의 요구 즉 이웃을 착취하라는 요구와 이웃을 섬기라는 하나님의 요구 사이에 서서 믿음의 결단을 해야 하는 사람입니다. 공 중에 나는 새도 먹이시고 들에 나는 백합화를 입히시는 하나님을 의 지하고 만나 먹이시는 하나님 의지해서, 자기 아들을 나의 죄를 위해 내어주시기까지 하신 하나님을 신뢰하고 그 뜻에 순종하여 이웃을 섬 기라는 것이 하나님의 요구입니다. 신약 성경에 나오는 윤리적 요구가 이 믿음의 결단을 촉구하는, 즉 하나님을 의지해서 이웃 사랑의 삶을 살아가라는 믿음의 결단을 촉구하는 권면입니다.

그런데 이런 귀신론에 지나치게 빠지면 믿음의 결단을 하는 '주체로서의 나'가 자꾸 약해집니다. 다시 말하면 나의 믿음의 결단의 실패로 말미암아 발생하는 잘못을 항상 사탄과 귀신에게 전가시킨다는 것입니다. 결국 자기 책임이 약해집니다. 분명히 자기가 죄를 지었음에도 불구하고 귀신의 역사 때문이라고 합니다. 신약 성경은 그것을 별로 허락하지 않을 뿐 아니라 권하지 않습니다.

영적 전쟁이란 복음에 신실하게 순종하는 것이다

이에 대한 좋은 예 하나가 풀러 신학교 동료 교수인 멜 로벡(Mel Roebeck)의 지적입니다. 그는 오순절 교회 출신인데다 전공이 고대 교회사, 그 가운데서도 성령 운동이기 때문에 이 분야에 정통합니다.

그의 말에 의하면, 과거 1920년대와 30년대에 오순절 계통에서 이런 스펙큘레이션을 많이 했답니다. 사탄과 사탄의 왕국 체계에 대한 억측(speculation)을 많이 했다는 것입니다. 동네마다 귀신의 이름을 정하고 귀신 쫓는 일을 많이 했다고 합니다. 그 안에서 축사와 영적 전쟁 같은 것을 많이 했답니다. 그러다 오순절 교회가 신학 교육이 성숙하면서 이제는 적어도 지도부에서만큼은 다 버렸다고 합니다.

그런데 최근 오순절 교회의 언저리에 있는 일부 사람들, 신학 훈련을 전혀 받지 않은 사람들이 다시 들고 일어선다고 합니다. 그 중 대표적인 사람이 영적 전쟁이니 가계 저주니 등의 책을 써서 한국에까지 소개된 메릴린 히키라는 여자와 그 사람의 영향을 받은 몇몇 한국 사람들이 자꾸 퍼뜨려서 어렵게 하는 것 같습니다.

멜 로벡 교수가 한번은 분개해서 교수회에 와서는 이렇게 말했습니다. 자기가 가르치는 한국 학생 둘이 시험을 봐야 하는데, 자기에게 와서는 시험을 일주일만 연기해 달라고 했다고 합니다. 왜 그러느냐고 물어 보니 자기들이 귀신 들려 시험 공부를 못했기 때문에 그렇다는 것입니다. 사탄에 대한 지나친 상상이 우리에게 주는 부작용이 무엇인지 상징적으로 보여 주는 적절한 예라고 생각됩니다.

귀신, 귀신 하는 사람들은 믿음의 결단, 즉 믿음과 사랑을 요구하는 신약의 책임 있는 제자도의 윤리를 피하는 방편으로 자꾸 사탄과 귀신에게 자기의 책임을 전가하는 식의 삶의 태도가 나올 수밖에 없습니다. 그렇게 되면 결국 기독교적 윤리, 곧 하나님에 대한 헌신과 이웃 사랑의 의무를 방해하게(sabotage) 됩니다.

신약 성경에서 영적 전쟁 언어를 가장 무시무시한 군사적 언어로, 또는 묵시 문학적 그림으로 표현하는 책이 요한계시록인데, 이 요한계시록을 잘 읽으면 그 당시 묵시 문학의 그림들을 해석할 줄 알고 숙어들을 이해할 줄 알게 됩니다.

요한계시록에 사용된 구약적 배경을 잘 살피면, 요한계시록의 메시지를 바르게 이해할 수 있습니다. 요한계시록이 말하고자 하는 것은 온갖 곳에 사탄 마귀들이 들끓으니 우리가 예수 그리스도의 군대 십사만사천을 동원해서 용과 바다의 괴물과 땅의 괴물과 또 하나의 괴물인 사탄의 삼위일체와 맞서서 영적 전쟁을 해야 한다, 귀신을 쫓아 내야 한다는 그런 것이 아닙니다.

요한계시록의 메시지는 교회로 하여금 당시 로마 제국에 막강한 군

191

사력을 의미하고 로마 제국의 황제에 순종을 하고 제국의 법에 잘 따르면 온 세상에 평화가 있다는 팍스 로마나(Pax Romana)의 이데올로기를 가장한 사탄의 통치가 로마 제국의 이데올로기로 나타나니 현혹되지 말고, 황제 숭배에 빠지지 말고, 예수의 증언 하나님의 왕 되심과 하나님 나라의 복음에 순교를 무릅쓰고 신실하라는 것입니다. 이웃에게 그 복음을 증거하고 그 사랑을 실천하라는 것입니다. 이것이 바로 영적 전쟁이라는 것입니다. 어디에 다니면서 이 동네에 무슨 귀신이 있고 저 동네에 무슨 귀신이 있으니 그것을 쫓아내야 한다는 것이 영적 전쟁이 아니라는 것입니다.

영적 전쟁의 언어가 가장 절실히 나타나는 곳이 에베소서 6장입니다. 전쟁 언어를 많이 사용합니다. 특히 11−12절을 보십시오. 하나님의 전신갑주를 입으라, 마귀의 꾀에 싸워 이겨라, 우리의 싸우는 것은 혈과 육이 아니요 하늘의 권세를 잡은 정사요 능력이요 암흑의 세계를 지배하는 세상의 통치자들이고 하늘에 있는 영적 악당들이라고 합니다. 이 11−12절까지만 읽으면 우리가 악한 영들과 무슨 영적 전쟁을 해야 하는 것처럼 말하는 듯합니다. 그런데 에베소서 6장에는 영적 전쟁을 어떻게 해야 한다고 합니까? 13−17절을 보십시오. 하나님의 전신갑주를 입고 이 사탄의 제국과 맞서서 싸워야 합니다.

첫째로 진리로 띠를 띠라고 합니다. 어디에 다니면서 귀신 쫓는 행위를 하라는 것이 아닙니다. 진리를 견지하라고 합니다.

두 번째로 의의 흉배를 입고, 의를 실천하라고 합니다.

세 번째로 평화의 복음의 신을 신고 열심히 다니면서 평화의 복음을 선포하라고 합니다. 열심히 다니면서 하나님이 대속의 제사로 바친 그의 아들 예수 그리스도의 죽음으로 말미암아 어떻게 우리의 죄를 용서하셔서서 자기에게 화해시켰는지 또 이웃과 화해하게 했는지 하는 이 화해의 복음을 선포하라는 것입니다.

네 번째로는 믿음의 방패를 들라고 하고, 다섯 번째로는 구원의 투구를 쓰라고 합니다.

여섯 번째로는 성령의 검을 가지라고 합니다. 이 성령의 검은 복음의 말씀입니다. 영적 전쟁을 복음의 진리에 굳건히 서서 구원의 확신 가운데 서서 진리를 실천하고 의를 행하고 전도를 열심히 행하는 것이 영적 전쟁이라는 것입니다. 전쟁의 언어는 사용하지만 이것은 우리가 하나님의 백성으로 하나님의 통치 아래 신실히 살고 이웃을 내 몸과 같이 사랑하는 의를 행하라는 것을 강조하기 위함이며, 이렇게 함으로써 사탄의 통치를 막는 것입니다.

하나님의 진정한 주권을 경험하라

이처럼 우리는 두 극단을 피해야 합니다. 첫 번째 극단은, 사탄을 완전히 무시하는 태도입니다. 사탄이 엄연히 존재한다는 현실, 그래서 우리에게 온갖 형태로 우리를 유혹하고 죄에 빠뜨리고 있다는 것을 무시하지 않아야 합니다. 때로는 진짜로 귀신들리는 형태도 있을 수 있고, 우리에게 고난을 가져다 줄 수 있다는 현실을 완전히 무시해 버리면 고린도 교회의 문제처럼 열광주의자가 되기 쉽습니다. 결국 사탄의 유혹에 무방비 상태가 되어 고린도 교인들처럼 된다는 말입니다. 따라서 이런 극단의 자세도 옳지 않습니다.

또 하나의 극단은 사탄과 그의 왕국에 대한 신약 성경이 허락하지

193

않는 범위에까지 극도의 관심을 갖는 것입니다. 그 결과로 성경이 말하지 않는 소설을 써서 극도의 관심을 보이다가는 역설적이게도 사탄의 권세 아래 오히려 더 놓이기 쉽다는 점을 주의해야 합니다. 그렇지 않으면 실제로 해야 될 영적 전쟁을 못합니다. 복음의 진리를 천명하고 의를 실천하고 사랑을 행하는 것이 실제로 영적 전쟁인데, 결국은 이런 것에 대해서는 별로 생각하지 않게 합니다. 왜냐하면 자꾸 사탄에게 책임 전가하는 일이 벌어지게 되기 때문입니다.

사탄이 유혹하는 영역은 인간의 이성과 지성과 감정을 포함하는 인간의 전영역입니다. 따라서 날마다 사탄의 시험에 빠져들게 말아 달라는 기도하면서 동시에 제자도의 삶을 살게 해달라고 기도해야 합니다. 우리 그리스도인들은 로드십, 예수 그리스도가 우리의 주(Lord)이심을 경험한 사람들입니다(Lordship Change). 그리스도가 주님이시라고 고백하는 사람들은 우리에 대한 주권을 경험한 사람입니다(골 1:13; 롬 10:9).

마지막으로 "우리를 구출하소서"라는 기도의 의미를 묵상하겠습니다. 이것은 누구도 자기의 영웅주의에 빠질 수 없음을 나타내 줍니다. 자기 힘으로 선을 행하고 자기 힘으로 자기 구원을 이루어 갈 수 없음을 말합니다. 오로지 하나님의 초월로서 은혜로 오시는 하나님의 힘에 힘입어 우리가 사탄을 물리칠 수 있음을 말합니다. 예수의 하나님 나라의 오심의 가장 중요한 강조는 초월로부터 은혜로 오시는 하나님의 통치에 있습니다. 우리가 사탄에 맞설 수 없기에 자기 영웅주의를 지양하고 항상 하나님의 힘을 빌리는 것입니다. "우리를 사탄의 궤계에 빠지지 않게 하시고 우리를 악한 자로부터 구출하소서"라는 청원이 이루어지는 것입니다.

주기도문은 하나님 백성의 정체성을 보여 준다

지금까지 우리는 주기도문을 같이 묵상했습니다. 주기도문은 예수가 시작한 하나님 나라 운동으로 말미암아 불러모아진 하나님 나라에 들어온 하나님의 백성에게 주어진 이상과 소망을 나타낸 것으로 하나님의 백성의 정체성을 보여 주는 것입니다.

주기도문의 가장 중심 된 청원은 "당신의 나라가 임하게 하소서"입니다. 이 청원은 하나님 나라의 임함, 곧 하나님 나라의 도래와 함께 내가 하나님의 통치를 받겠다는 서약을 함께 담고 있습니다. 이처럼 주기도문의 모든 청원은 단순히 청원이 아니고 내가 하나님의 통치를 받겠다는 서원과 서약을 겸하고 있습니다. 하나님의 하나님 노릇 해주심을 의지하며 살겠다는 것입니다. 일용할 양식을 달라고 기도하는 것처럼 아담적 실존의 방법을 지양하고 하나님의 하나님 노릇 해주심에 의지해서 사는 하나님의 은혜의 통치 안에 있겠다는 서원입니다.

주께서 가르쳐 주신 기도는 하나님과의 올바른 관계가 회복된 자의 서원으로서 죄 용서를 받은 자로서 이웃의 죄를 용서해 주겠다는 것이 포함된 기도입니다. 하나님의 통치를 받는 자로서 하나님 나라의 완성을 향해 가는 자로서 내가 사탄의 유혹에 계속 노출되는데 그 사탄에 순종하지 않겠다는 것입니다. 그리하여 하나님의 통치가 내게 임해서 실현되게 해달라고, 하나님의 은혜의 힘으로 나로 하여금 사탄의 유혹에 빠지지 않게 해달라고 구하는 기도입니다. 이렇게 주기도는 서원과 청원이 함께 나온다는 것을 기억해야 합니다.

주기도문, 그 탁월함을 기억하자

결론으로, 주기도문의 탁월함에 대해서 요약해 보고자 합니다. 첫째로, 이 주기도문이야말로 진짜 기도입니다. 청원과 서약을 내포하는 청원이기 때문입니다. 이 주기도문은 내가 청원한 바를 내가 실천하겠다는 서약이 함께 포함되는 기도입니다. 내가 청원하는 바에 대하여 내 쪽에서 해야 할 일은 내가 하겠다는 내 쪽에서의 청원을 겸한 진짜 기도입니다.

그래서 이 기도는 중언부언하는 이방인의 기도, 자기의 욕심만을 만족시키면 그만이라는 세상 사람들의 기도와 대조됩니다. 하나님의 백성으로서의 온당한 삶이 없는 것들을 구하는 기도의 태도는 이방인들이 구하는 것입니다.

예수는 이 기도를 바리새인들의 외식적 기도와도 대조했습니다. 바리새인들의 외식적 기도와 맥을 같이하는 것으로, 우리의 기도가 가끔 하나님에 대한 설교가 되기도 쉽고 기도를 빙자해 이웃에 대해 설교하는 기도이기도 쉽습니다. 이런 외식하는 기도와도 대조적으로, 이 주기도문은 진짜 기도입니다. 주께서 가르쳐 주신 기도의 자세는 하나님께 의지함이며, 의지하게 해달라는 청원입니다. 동시에 청원을 드리는 자로서 내 쪽(인간적) 부분은 내가 하겠다는 하나님께 대한 순종을 서약하는 것입니다. 즉 하나님께 대한 의지와 순종을 함께 나타내는 진짜 기도입니다.

둘째로, 주기도문의 짧고 간결함은 마태복음 6장 7절의 요구에 잘 맞습니다. 이 기도는 우리가 하나님의 백성으로서의 하나님의 통치 아래 온전한 삶을 위한 기도입니다. 그것은 곧 하나님의 백성으로서의 온당한 삶과 관계없는 기도는 하지 말라는 말과 같습니다. 탐심에서 나오는 기도, 이웃에 대한 증오와 원수 갚음 등과 같은 기도는 하나님이 들어주시지 않습니다. 하나님의 백성으로서 하나님께 합당한 기도만 들어주십니다. 이 주기도문은 우리에게 하나님의 백성으로서 온당한 삶에 대한 가장 기본적인 필요를 우리에게 가르쳐 주고 있습니다.

또한 우리의 구체적인 정황이 있으면, 양식에 대한 기도와 죄 용서에 대한 기도처럼 구체성을 띠고 기도해야 한다는 것을 가르칩니다. 명백히 무슨 죄를 저질렀다면 그 죄에 대해 기도해야 합니다. 내가 형제와 다투었다면 내가 잘못한 것에 대해서 회개하고 용서를 구해야 합니다. 어떤 형제가 나에게 명백히 잘못을 했을 경우, 자꾸 나의 의를 주장하고 복수를 하려고 하는 것에 대해서 반성하기도 하고 용서해 주기도 해야 할 만큼 우리의 기도는 구체성을 띠어야 합니다. 주기도는 기도의 가장 좋은 패러다임을 보여 줍니다.

셋째로 주기도문은 하나님과의 관계에 있어서 하늘에 계시는 초월자에 대한 경외심과 그분이 우리 아빠 되신다는 친근감을 아주 적절히 유지해 준다는 것입니다. 이 양자 사이에 상호 긴장을 유지하게 해 줍니다. 초월자에 대한 경외심은 나중에 송영으로 다시 한번 확인이 됩니다. 초월자에 대한 경외심이 전제되지 않으면, 하나님이 우리의 기도의 대상이 될 필요도 없고 될 수도 없습니다. 초월자요 전능한 자요 무한한 자이기에 나를 구원하실 수 있는 분이고, 나의 문제를 다 아시고 나를 온전히 사랑해 주셔서 내가 온전히 사랑할 수 있는 분이기에 내가 그분에게 기도하는 것입니다.

그런 초월자이며 무한하신 분이 나의 하나님이시기에 그의 자녀로서 아빠라고 부르며, 그런 관계이기에 나는 하나님의 상속자입니다. 예수는 하나님 나라의 모든 부요함을 우리가 상속받는다고 가르칩니다. 그런데 그 구원은 종말에 예수 재림과 더불어 완성되기 이전에 벌써 이미 하나님의 통치 아래 들어간 자로서 그 하나님의 부요함을 끌어쓰고자 하는 행위가 기도입니다. 그래서 양식과 지혜와 하나님의 능력을 구하는 것은 하나님의 도움을 끌어 쓰고자 하는 것이며, 하나님을 사랑하고 이웃을 사랑하는 것들도 다 하나님의 능력을 끌어 쓰고자 하는 것입니다. 하나님을 '아빠'라고 부르기 때문에 가능하게 된 것입니다.

넷째, 기도의 주체는 '나'가 아니라 '우리'라는 것입니다. 바울의 서신을 다 읽어 보면 항상 '우리 하나님'이라는 용어를 사용합니다. 어쩌다 한 번씩은 나의 하나님이라고 씁니다(빌 1:3, 4:19; 갈 2:20). 자기와 하나님, 자기와 하나님의 아들 주 예수 그리스도와의 긴밀한 관계를 절실히 표현할 때 그 단어를 씁니다. 이러한 몇 번의 예외를 제외하고는 항상 '우리'라는 용어를 씁니다.

예수의 주기도문도 '우리'의 언어로 하는 기도로 되어 있습니다. 하나님께 드리는 기도 속에서 우리는 항상 이웃과의 관계, 나에게 죄지은 자들, 나와 함께 있는 가난한 자들, 나와 함께 사탄에 얽매인 자들, 나와 함께 있는 자들로서 사탄의 유혹에 떨어진 자들을 생각하고, 그들에게 내가 형제 노릇 해야 함을 기억해야 합니다. 그래서 내가 받은 하나님의 양식을 나눌 생각을 하고 하나님께로 받는 죄 용서를 나뉘주고 전달해 줄 것을 생각해야 하고, 사탄의 유혹에 빠져 헤매고 있는 형제에게 권면과 위로와 힘을 줌으로 그들이 다시 한번 믿음의 올바른 길로 나오도록 도울 그런 자세를 가지고 이런 기도를 해야 합니다. 그것이 바로 '우리' 기도인 이유입니다.

다섯째, 이 기도는 청원 속에 항상 서원이 들어 있기 때문에 우리를 수동적으로 만드는 것이 아니고 적극적인 성격을 지니게 한다고 말할 수 있습니다. 하나님께 우리가 비는 것이 실현되는 데 있어서 우리 쪽에서 우리가 해야 할 일을 하겠다는 서원을 하고, 그것을 열심히 하게 하는 기도입니다.

부록
질의 응답

Q&A

질문

"일용할 양식을 주시옵소서"에 대해, 이를 유목민적 삶을 배경으로 고려하면서 여호와 하나님과 이스라엘 민족이 맺은 계약의 일부였던 가난한 자들과 함께 먹을 것을 나눔이라는 구약 신학의 계약적 맥락에서 이해하는 것이 가능합니까?

응답

결론적으로 강조한 부분에 답변이 들어 있습니다. 주께서 가르쳐 주신 기도가 나의 기도가 아니라 우리의 기도라는 사실이 상당히 중요합니다. 예컨대, '죄 용서' 청원에 대하여 살펴본 것처럼, 죄 용서로 말미암은 하나님과의 관계 회복은 항상 이웃과의 관계 즉 우리 사이의 관계 회복을 동반합니다. 우리 사이에서의 원만한 관계 회복이 나타나지 않는 하나님과의 관계 회복은 가능하지 않다는 말이 됩니다.

마찬가지로 "우리에게 일용할 양식을 주시옵소서"에서 '우리'는 항상 우리끼리의 나눔의 자세를 가져야 한다는 암시로 보아야 합니다. 우리가 "우리에게 일용할 양식을 주시옵소서"이지 "'나'에게 일용할 양식을 주시옵소서"라고 기도하는 것이 아니기 때문입니다. "우리에게 양식을 주시옵소서"라고 기도하는 사람이라면, 그 '우리' 속

201

에 누구를 포함하는 것 아닙니까? 사실은 주께서 가르쳐 주신 기도를 할 때 천천히 기도하면서 기도하는 나는 항상 그 '우리'에 누구를 포함하는지를 생각해야 합니다. 가족일 수도 있고, 교회와 지역 사회와 우리 민족일 수도 있고 심지어 온 세상일 수도 있습니다.

"우리에게 일용할 양식을 주시옵소서"에서 우리에게 대한 은혜 베푸시기를 하나님께 요구하는 우리는 그 기도를 사실은 기도하는 우리만을 위한 것이라는 데 범위를 넓혀, 우리 중에 가난한 자와 배고픈 자가 있는 것을 안다면 사실은 그들과도 함께 기도를 드리는 셈입니다.

그런 자세로 기도를 해야 합니다. 그렇게 기도하면서 우리 가운데 있는 도움이 필요한 그들에게 나의 것을 나눌 자세가 없으면, 마치 하나님께 죄 용서를 빌면서 "내가 미워하는 그 한 가지 죄만은 꼭 품고 있겠다, 그것만은 내가 용서하지 못하겠다, 그것만은 제외하고"라는 태도와 같은 경우가 됩니다.

이 기도의 주체가 '우리'라는 사실, 그래서 "우리에게 일용할 양식을 주시옵소서"라고 하는 기도는 우리로 하여금 우리 공동체에서 나눔의 삶으로 나타나야 한다는 것을 시사합니다.

질문

교수님은 주께서 가르쳐 주신 기도가 유대의 18번 축복 기도에 비해 아주 간결하다고 강조하시면서 우리 인간들이 가장 기본적으로 필요한 것들을 구하는 것으로 하나님과의 관계, 이웃과의 관계, 사탄과의 관계 속에서 필요한 것을 구하고 우리 인간의 삶을 결정하는 가장 기본적인 필요들을 구하는 간결한 기도라고 설명했습니다. 그리고 이 기도를 예수께서는 이방인들의 중언부언하는 기도와 대조했다고 말씀하셨습니다. 그렇다면 이런 간결한 기도는 반복적 기도와는 어떤 관계가 있습니까?

응답

가장 기본적인 필요들에 대한 기도, 즉 하나님의 백성으로서 살아가는 데 온당한 필요들에 대해서는 반복적으로 기도하는 것이 전혀 문제되지 않을 것입니다. 사실 우리는 그렇게 기도해야 합니다. 왜냐하면 우리는 생각보다 훨씬 자주 하나님의 도움을 필요로 하는 순간에 처하며, 사탄의 유혹에 직면하기 때문입니다. 우리는 매순간 이런 유혹에 직면합니다.

예를 들어, 운전을 하고 가는데 옆 차가 아주 무섭게 끼어 들고 진로를 가로막았을 때 사탄은 나에게 복수를 하라고 충동질을 합니다. 그런데 하나님은 나에게 용서해 주라고 합니다. 그때 내가 용서해 줄 마음이 없다면, 바로 그 순간 "당신의 나라가 임하소서"라고 기도해야 합니다. 즉 "내가 당신의 말을 듣게 하소서, 당신의 통치가 내게 이루어지게 하소서, 내게 죄지은 자 이웃을 욕하려고 하는 내 죄를 용서하여 주시옵소서, 내가 저 사람을 용서해 주겠나이다" 하고 기도해야 합니다. 우리의 일상은 사실 이런 순간의 연속이 아닙니까?

다시 말해 이 기도는 반복적으로 드려야 합니다. 그러므로 반복적으로 기도하되, 간결하고 명료하면서 하나님의 백성으로 온당하게 하는 기도를 드릴 수 있습니다.

우리에게 일용할 양식을 달라고 하는 기도에서 "부자 되게 해주십시오" 한다면, 예수께서는 이방인들이 구하는 기도라고 말하십니다. 자기 욕심을 위하는 기도이며, 참으로 하나님을 의지하고 복종하는 태도 없이 하는 기도이기 때문입니다.

그러므로 자기의 욕심을 위한 기도는 하나님과는 상관없이 자기 욕심을 따라 무조건 기도하는 것입니다. 중언부언하지 않을 수 없고, 심지어 원수를 갚아 달라는 기도까지 하게 되는 것입니다. 하나님은 우리에게 무엇이 필요한지를 아신다고 합니다. 하나님이 우리의 아빠이십니다. 이것을 믿는 사람이라면 자기 삶을 자신이 확보하려는 자세나 욕심을 따르는 자세는 이미 잘못이라는 것을 알아야 합니다. 그러므로 탐욕을 위해 하는 기도는 하나님께 합당하지 않는 기도입니다.

질문

"너희는 먼저 그의 나라와 그의 의를 구하라"고 했는데 그 '의'는 무엇입니까? 바울이 말하는 의와는 다른 것입니까?

응답

본질적으로는 같은 것입니다. 하나님의 의란 하나님의 하나님 노릇 해주심입니다. '하나님의 나라'와 '하나님의 통치'라는 말과 이 '의'는 신학적으로 동의어입니다. 하나님이 창조주로 우리 인간에게 신실하심이 성경이 말하는 의인데, 이 의는 기본적으로 관계적인 개념입니다.

창조주와 피조물의 관계 속에서 나오는 하나님쪽에서의 의무, 즉 하나님이 인간의 하나님 노릇 해주시겠다고 약속하신 것입니다. 하나님은 우리에게 창조주로서 약속한 것이며 그것은 언약입니다. 우리를 창조할 때 그 창조 속에 하나님 노릇 해주시기로 이미 약속하셨습니다. 우리 인간이 하나님께 등을 돌려도, 탕자의 비유로 말하자면 아들이 멀리 달아나더라도 아버지는 끝까지 아들에게 아버지 노릇 해주시는 것입니다.

그러므로 의란 관계의 신실함, 언약의 신실하심으로 정의할 수 있습니다. 관계에서 나오는 의무를 다하심입니다. 우리에게 하나님 노릇을 다하겠다는 것입니다. 그러므로 그 의는 항상 우리에 대한 자비와 사랑과 은혜로 나타납니다. 하나님의 하나님 노릇 해주심, 하나님의 은혜의 통치가 하나님의 의입니다.

바울도 마찬가지로 사용합니다. 하나님의 의가 나타날 때 하나님의 하나님 노릇 해주신다는 것입니다. 십자가 위에서의 그리스도의 죽음과 부활 사건에 대한 서술(Narrative)이 복음인데, 예수 그리스도의 사건의 서술에 하나님의 우리 인간에 대한 하나님 노릇 해주심, 창조주 노릇 해주심, 우리 인간을 끝까지 버리시지 않고 우리에게 아빠 노릇 해주심이 드러난 것입니다. 그것이 하나님의 자비이며 사랑이며 은혜입니다.

질문

주기도문의 '파테르'는 호격으로 '아버지'라는 말인데, 왜 예수께서 '아빠' 했다고 설명하십니까?

응답

'아빠'라는 언어가 호격으로도 번역되고 주격으로 번역되기도 합니다. 그런데 이 주기도문의 첫마디 누가복음의 '파테르($\pi\acute{\alpha}\tau\epsilon\rho$)'라는 단어 속에 아람말로 '아빠' 라는 호격이 있다고 보는 것은, 우선 마가복음 14장 36절의 예수의 겟세마네 기도 첫마디가 '아빠' 이기 때문입니다. 거기에 괄호로 '아버지' 라고 표시되어 있습니다.

이것은 바울이 로마서 8장 15−16절에서 쓰는 말이나 갈라디아서 4장 6절에서 쓰는 용법과 같습니다. 즉 '아빠(아버지)' 라는 용법으로 쓰고 있습니다. 겟세마네 기도의 원래 언어는 '아빠' 라는 말입니다. 이런 데서 힌트를 얻어 예수께서 '아빠' 라 부르며 기도했다는 것입니다.

자세한 것은 예레미아스의 책 「예수의 기도」를 보든지 그의 「신약 신학」(도서출판 엠마오)을 보든지 하면 됩니다. 더 간략하게 보려면 그의 「신약 신학」 서론을 보면 잘 나와 있습니다.

질문

창세기 3장에 나오는 아담의 경우 그가 해야 하는 일이 언약의 일부로서 우리의 생명의 양식을 얻는 노동이며 신성한 것 아닙니까? 그런데 부정적으로 표현하신 이유에 대해 궁금합니다.

응답

창세기 3장대로 하면 아담이 농사일 즉 문화를 시작합니다. 농사를 시작한 이유는 자기가 자신의 운명의 책임자로서 자신이 자신의 힘으로 자기 생명과 안전과 행복을 확보하기로 하나님께 그렇게 주장한 것이기 때문입니다. 그것을 바울의 표현대로 한 것이 로마서 1장 18절 이하에 나오는데, "그럼 네 마음대로 독립해서 잘 살아 보라"는 것입니다. 그래서 아담에게 자기 꾀에 내버려두었다고 세 번이나 말합니다. 아담이 자기 주장대로 하게 했고 아담은 일을 하게 되었습니다.

그럼에도 불구하고 앞에서 분명히 말했듯이, 이 아담의 일이 생명을 확대하는 측면이 있습니다. 반면 불행과 죽음을 동시에 가져오지 않는다는 것, 즉 죽음 없는 삶만을 가져오지 않는다는 것입니다. 인간은 결코 자기 일로 구원받지 못한다는 것을 의미합니다.

즉 문명 낙관론이 있을 수 없다는 것입니다. 문명이라는 것이 진보합니까? 어떤 면에서는 진보한다고 할 수 있습니다. 하지만, 우리의 삶을 계속 증진하는 측면이 있는 동시에 그만큼 죽음도 더 증진시킵니다. 양면이 동시에 있다는 것을 강조하고자 하는 것입니다.

질문

우리가 일을 통해 하나님께 영광을 돌리고 이웃에게 제사장 역할을 한다는 것은 하나님의 소명이라는 개혁주의적 소명 사상과는 어떻게 연결이 됩니까?

응답

우리는 일을 하면서 살아갑니다. 그 일이 죽음을 덜 띠고 삶을 더 증진하게 하는 것이 되려면 진정한 의미에서 하나님의 통치 아래 우리가 일을 올바로 할 때만 가능합니다.

맘모니즘의 우상 숭배에 빠져 일을 절대화하여 일이 착취 방향으로 나간다면 죽음만 증대될 뿐입니다. 비록 우리가 하나님께 우리의 일용할 양식을 의지하고 우리가 안식일을 지키는 안식일적 삶으로 일을 한다 하더라도 우리가 하는 그 일을 통해 우리가 하나님 나라 완성 때까지 스스로 구원하는 일은 없습니다.

그러나 하나님의 구원을 완성시키는 것은 아니지만 죽음의 요소가 점점 적어지고 우리의 일을 통해 삶이 확대되며 우리의 일이 이웃 사랑의 도구가 될 수는 있습니다.

의인들의 공동체는 만인이 만인에게 섬기는 즉 만인이 만인에게 종노릇 하는 것이고 죄인들의 공동체는 만인이 만인에게 늑대 노릇 하는 것입니다. 그 의인들의 일은 섬김으로 나타납니다. 이것은 하나님 나라 백성으로서 하나님께 의지하고 순종할 때 비로소 가능한 일입니다.

질문

하나님의 은혜로 날마다 산다면 우리는 아무것도 하지 않아도 괜찮습니까?

응답

그렇지 않다고 이미 분명히 말씀드렸습니다. 하나님의 은혜를 힘입어 하나님의 통치를 받으면 우리는 당연히 적극적인 제자도로 하나님께 혼신을 다하는 헌신을 하게 됩니다.

하나님께 대한 헌신은 하나님을 의지하고 순종하는 것입니다. 이웃 사랑을 실천하는 것입니다. 하나님의 은혜는 우리가 이것을 하도록 하는 힘으로 우리에게 나타납니다. 하나님에 대한 헌신과 이웃을 사랑하게 하는 것으로 나타난다는 말입니다.

하나님의 은혜를 힘입어 우리가 맘몬의 우상을 숭배하지 않고 거절하고 사탄의 유혹도 거절하고 하나님께 의지하고 하나님께 순종해야 합니다. 손해볼 것을 무릅쓰고 이웃 사랑으로 나타나야 합니다. 그래서 원수까지 사랑해야 하는 것입니다. 우리가 원수를 사랑할 수 있는 것은 하나님의 은혜를 힘입어야 가능합니다. 날마다 은혜를 힘입어 살아야 한다는 것은 바로 이런 의미입니다.

질문

교수님은 적극적인 제자도가 하나님에 대한 헌신과 이웃 사랑으로 나타난다고 하면서, 이 적극적인 제자도를 경건주의적 소극주의와 대조했고 열혈당식 해방 신학과도 대조했습니다. 때로는 적극적인 제자도가 열혈당식 신학으로 나타날 수 있지 않습니까?

응답

적극적인 제자도가 우리 삶의 모든 영역에서 추구되려면 어떻게 해야 합니까? 만일 크리스천 경제학자, 국회 의원, 경제 기획원 장관이 "우리에게 일용할 양식을 주시옵소서"라고 기도한다면 어떻게 할지 생각해 보는 것이 쉬울 듯합니다.

어찌하든지 한국의 경제 제도, 세법, 비즈니스 관행이 맘모니즘의 우상 숭배를 지양하고, 우상 숭배와 그에 따른 탐심을 지양하며, 반면 하나님께 대한 의지와 순종을 앙양하고 이웃 사랑을 앙양하도록 하기 위해 경제 제도도 만들려 하고 조세법도 만들려 하는 것이 적극적인 제자도라고 할 수 있습니다.

또한 적극적인 제자도란 당장 내 이웃에 있는 사람을 돕는 것뿐 아니라 삶의 모든 영역에서 우상 숭배가 지양되고, 사탄의 죄악스러운 면모인 거짓과 불평등과 우상 숭배와 착취 등이 지양되는 것입니다. 하나님의 진리와 의가 앙양되도록 혼신을 다하는 것이 적극적인 제자도라고 할 수 있습니다.

가난한 이웃을 경제적으로 좀 돌보는 것뿐 아니라 그 사람이 가난할 수밖에 없는 구조적인 악이 있다면 이를 제거하는 데 내가 국회의원으로서, 경제학자로서, 시민으로서 노력을 다하는 것입니다. 선거에 참여할 때도 이런 관점에서 후보를 선택하는 것입니다.

구조 자체가 명백히 하나님께 대한 헌신보다는 맘모니즘으로, 이웃 사랑보다는 이웃 착취로 나타난다면 정당한 그리스도인들이 바로 '복음'을 선포해야 합니다. 하나님께 대한 헌신과 이웃 사랑으로 오는 하나님의 통치를 받고 그 통치가 우리 사회에서 실현되어야 한다는 복음 말입니다.

이 복음을 선포하는 방법은 다양합니다. 때로는 교회에서, 거리에서, 혹은 전도를 통해, 학교에서 가르침으로, 글이나 그림으로 또는 음악으로 표현할 수 있는 것입니다. 이 복음을 선포하는 일이라면 모든 방법을 다 쓸 수 있습니다.

그 중의 하나로 우리가 거리에 나가 선포한다면, 우리는 그것을 데모라고 합니다. "틀린 조세법 바꾸시오"라는 팻말을 들고 그리스도인들이 나갈 수 있습니다. 정부나 구청이 교회에 대하여 부당하게 대하면 우리는 그런 일을 하지 않습니까?

문제는 우리가 얼마나 진정으로 복음을 알고 선포하느냐 하는 것입니다. 결론적으로 적극적인 제자도는 우리가 삶의 모든 영역에서 하나님에 대한 의존과 이웃 사랑이 나타나게 해야 한다는 것입니다.

질문

교수님은 탕자의 비유에서 탕자를 아담이라고 보았습니다. 그러면 그 비유에서 첫째 아들은 누구입니까?

응답

첫째 아들도 탕자입니다. 그래서 어떤 사람들은 그 비유를 탕자들의 비유라고 합니다. 두 아들이 다 탕자임을 말하고 있습니다. 둘 다 하나님의 아버지 노릇 해주심에 의지해 살 수밖에 없는 자들입니다. 그런데도 둘 다 하나님의 아버지 노릇 해 주심을 거부하고 자기 주장하면서 사는 것입니다.

한 아들은 등을 돌리고 멀리 떠나간 명백한 탕자이고 또 한 아들은 아버지 곁에 살지만 아버지의 아버지 노릇 해주심을 거부하고 자기의 의를 주장하고 자기 공로로, 그 공로에 대한 반대 급부로부터 무엇을 얻으려고 하는 집안에 있는 탕자입니다.

누가복음 15장 맥락에서 보면, 이 첫 아들은 예수께서 죄인들과 먹고 마시는 것과 죄인들을 불러 하나님의 용서의 은혜를 선포하고 그들에게 구원을 확신시켜 그들이 먹고 마시는 것을 비난하는 바리새인과 서기관들을 비유합니다. 또 둘째 아들 탕자는 죄인들, 이방인들을 비유한 것입니다.

그러나 다 죄인이고 다 아담입니다. 굳이 구분하여 말하는 것은, 이 첫 아들은 이스라엘을 대표하기 때문입니다. 이 이스라엘은 바리새인

211

과 서기관이 대표합니다. 하나님의 백성이지만 하나님의 백성 됨을 누리지 못하는 탕자 같은 이스라엘입니다.

왜 그렇습니까? 하나님께 의지하고 순종하여 이웃 사랑으로 살지 않고 자기의 일로 얻으려 하기 때문입니다.